Alva Sokopp

klein-groß-mittel

...und das dritte Kind schläft durch

VERLAG
BERGER

Inhalt

Zwetschke

Schlechtes Gewissen · 8

Der Zeitpunkt · 10

Auf Sprache achten · 12

Die Rabenmütter · 14

Gute Ratschläge · 19

Hunde werden geliebt · 22

Aufklärung · 25

Man hört Geschichten · 27

Zwetschke & Rübe

Weihnachtskarten · 30

Eines Besseren belehrt · 34

Holzspielzeug · 37

Emotionale Aktionen · 39

Kochen · 41

Phobienunterdrückung · 44

Blamieren · 47

Autofahren · 49

Wahrheiten · 51

Eigener Wille · 53

Freie Tage gut genutzt · 56

Einkaufen · 60

All Inclusive freiwillig · 65

By-by-one · 67

Peinliche Erwachsene · 69

Kindergarten · 71

Mädchen und Schmuck · 74

Kinder und Husten · 76

Reiten oder Tennis · 78

Schönheit liegt im Auge des Betrachters · 80

Was Kinder hören · 82

Ich rede nicht mehr mit Ein-Kind-Eltern · 84

Verhütung · 87

Zwetschke, Rübe & Erdbeere

Subtilität · 92

Stilldemenz · 95

Vorstellungen und Ansichten · 98

Erst wollen sie nicht raus, dann nicht heim · 100

Kinderhüterin · 102

Der Mistsack vor der Tür · 106

Individualisten · 108

Unpassende Momente · 111

Wäsche · 114

Enkelkinder ade · 116

Haustiere · 118

Ordnung halten · 120

Das Zeitgefühl · 122

Komplimente · 125

Technische Geräte · 127

Guter Geschmack · 129

Ich bin die · 132

Für Zwetschke, Rübe und Erdbeere

Zwetschke

SCHLECHTES GEWISSEN

Es gibt etwas, das zeitgleich mit einem Baby das
Licht der Welt erblickt: das schlechte Gewissen. Egal
zu welchem Thema und egal, in welchem Alter sich
das Kind befindet, jede Mutter kennt das schlechte
Gewissen und die damit verbundenen Gedanken, etwa:
Zu wenig gestillt, zu lange gestillt, zu oft gestillt, zu
wenig lange getragen, zu viel getragen, falsch getragen,
zu früh gefüttert, zu wenig gefüttert, zu lange wach
gehalten, überfordert, zu wenig bespaßt, zu früh in den
Kindergarten, zu viel verhätschelt, zu viele Süßigkeiten,
zu wenig Obst, zu viel Fernsehen, zu wenig gespielt,
zu wenig zum Trinken angeboten, zu oft gefragt, ob
es aufs Klo muss, zu früh geimpft, zu spät geimpft, zu
wenig angezogen, viel zu warm angezogen, überhitzt, zu
wenig mit anderen Kindern spielen lassen, zu streng, zu
wenig streng, zu wenig animiert, zu viel zugemutet, Zeit
übersehen und darum zu streng gewesen, Zeit übersehen und darum zu wenig streng gewesen, das Kind zu
wenig der Oma gegeben, zu oft abgegeben, aufgeweckt,
zu laut gewesen, zu leise gewesen und das Kind damit
zu lärmempfindlich gemacht, zu wenig Zähne geputzt,
zu viel Zähne geputzt, zu streng, zu milde, selbst zu viel
Schimpfwörter verwendet, zu früh fortgehen lassen,
zu cool mit Themen umgegangen, zu wenig Kontrolle,

zu viel Kontrolle, zu viele außerschulische Aktivitäten, zu wenig außerschulische Aktivitäten, musikalische Ausbildung vernachlässigt, zu musikalischer Ausbildung überredet...? Diese Aufzählung weiß jede Mutter noch um vieles zu erweitern und lässt sich nur durch das Wissen ertragen, dass es allen gleich geht und unseren Kindern auch einmal so ergehen wird, und durch die Tatsache, dass wir unsere Kinder lieben und hoffen, das reicht.

DER ZEITPUNKT

Jedes Kind hat seinen Rhythmus, jedes Kind braucht
seine Zeit, um Dinge zu erlernen. Das ist bei allen
unterschiedlich. Darum gehe ich auch in keine der
Mütterrunden mehr, die ja allgemein als gemütlich und
harmonisch gepriesen werden. Denn die, in der ich
war, war nichts weiter als ein Wetteifern gelangweilter
Frauen, die sich über ihr Kind definierten. Falls ich hier
jemandem zu nahe trete – ja, ich glaube, dass es auch
andere Müttertreffen gibt. Die besagte Runde, der ich
mit Zwetschke beigetreten bin, war einfach schrecklich.
Es war furchtbar. Mein Mädchen, eine Frühgeburt, tat
sich körperlich am Anfang etwas schwerer. Ständig
hörte ich dort nur: Kann sie schon sitzen? Kann sie schon
krabbeln? Kann sie immer noch nicht krabbeln? Und
so weiter. Ich war nach dieser Rechtfertigungsstunde
immer dermaßen fertig, dass ich, als das Mädchen neun
Monate alt war, nicht mehr hinging. Was schade war,
denn genau mit neun Monaten begann mein Kind zu
sprechen. Ja, tatsächlich: zu sprechen. Zuerst zaghaft
mit „Mama", „Papa", „Bus". Aber bereits mit einem Jahr
konnte sie dreißig Wörter sagen (ja, beim Ersten zählt
man noch mit). Und mit eineinhalb sprach sie schon
Sätze. Wie hätte ich diese blöden Mütter beeindrucken
können mit meinem kleinen Plappermaul. Doch das

Bild, das sich nun ergab, war auch ein wenig seltsam und befremdend. Als Zwetschke mit ihren knapp achtzehn Monaten einmal mit mir in der Sandkiste saß und spielte, sagte sie zu mir: „Mama, der Sand ist nass!" Da fragte mich eine Mutter, die uns schon eine Weile beobachtet hatte, ob die Behinderung meiner Tochter angeboren sei oder ob sie sie erst später bekommen habe. Ich schaute genervt drein und antwortete vorerst nicht. Aber ja, die Tatsache, dass ein Krabbelkind schon in ganzen Sätzen sprach, war sicherlich verwirrend. Bei einer Sache so früh und bei der anderen sehr spät dran zu sein ergab ein seltsames Bild. Aber na und?? Als die Frau ihre Frage wiederholte, schnauzte ich sie in meiner sehr verkannten charmanten Art an: „Ja, mein Kind spricht für sein Alter wahnsinnig viel, und hey, irgendwann beginnen alle zu laufen, auch sie!"

AUF SPRACHE ACHTEN

Es kommt eine Zeit mit kleinem Kind, da sollte man
unbedingt beginnen auf die Sprache zu achten. Auch
wenn es einem nicht unbedingt bewusst ist, verirren
sich doch immer wieder Wörter in unseren täglichen
Sprachgebrauch, die bei genauerer Hinsicht grob oder
abstoßend klingen, jedenfalls definitiv nichts für kleine
Ohren und kleine Münder sind. Meinem Mann und mir
wurde das vor Augen und Ohren geführt, als wir mit
unserer schon sehr eloquenten zweieinhalbjährigen
Zwetschke im Auto saßen und durch Wien kurvten auf
der Suche nach einem bestimmten Möbelhaus. Mein
Mann, beim Autofahren eher cholerischer Natur, riss sich
in Anwesenheit unseres kleinen Fahrgasts immer sehr
zusammen, um keine Kraftausdrücke zu verwenden, mit
denen die anderen Autofahrer normalerweise bedacht
wurden. Was an sich natürlich Blödsinn war, denn die
Einzige, die diese Flut an Schimpfwörtern zu hören
bekam, war ich, die Beifahrerin. Ob es ihm im Beisein
unserer Tochter immer gelang, wusste ich nicht, da ich
ja nicht immer wie Zerberus dabeisaß und aufpasste.
Wir zuckelten also mit leiser Hintergrundmusik, den
„schönsten Kinderliedern", im zähen Stadtverkehr von
Ampel zu Ampel. Als wir erneut zum Stehen kamen,

vernahmen wir ein hohes Stimmchen vom Rücksitz her rufen: „Na foahr, Oida!!!!!"

Wir stockten kurz, um dann lauthals loszulachen. Was natürlich die völlig falsche Reaktion war, denn von nun an brüllte unser kleiner Engel in jeder erdenklichen Situation: „Foahr, Oida!", um Mami und Papi und den Rest der Welt zum Lachen zu bringen. In der Straßenbahn kam es besonders gut an. Ich selber wurde natürlich mit maßregelnden Blicken beworfen und von oben bis unten gemustert. Sicher wurde mir auch ein nicht allzu hohes Bildungsniveau attestiert. Nun wussten wir aus Erfahrung, dass es wenig Sinn hatte, solche Dinge mit unserem Kind zu besprechen. Einzig Ignorieren half. Und zwar so lange, bis keine Reaktionen mehr aus dem Umfeld kamen oder sie diese nicht mehr interessierten. Und hier brauchte es einiges an Durchhaltevermögen! Denn selbst in der Bim gab es immer jemanden, der beim Anblick meines Kindes in Kombination mit Aussage und Stimmlage vor Lachen fast wegbrach.

DIE RABENMÜTTER

Ja, es ist wohl so, ich fiel oder falle zumindest in manchen Bereichen in die Kategorie „Glucke". Vor allem als es in den Kindergarten ging, hatte ich bei meiner ersten Tochter ziemliche Schwierigkeiten, loszulassen. Ich brachte sie spät und holte sie früh. Auf dem Spielplatz lief ich ihr ununterbrochen hinterher und ließ sie nie auch nur einen Augenblick alleine. Trotzdem passierte so manches Missgeschick. Einmal war ich, schwanger, mit Zwetschke in Schönbrunn. Wir spielten das bekannte Flugzeugspiel, bei dem ich sie immer wieder an beiden Armen hochzog und dabei irgendetwas Sinnloses wie „Hoooooo" rief. Sie stolperte beim 1 460 Mal und war im Begriff zu fallen, als ich instinktiv ihren Arm hochriss, um sie davor zu bewahren. Sie weinte kurz und ich dachte, dass das vom Schreck sei. Doch dann begann sie zu jammern, dass ihr der Arm wehtue. Nun ist es bei meiner Tochter so, dass sie, egal ob sie sich den Kopf blutig geschlagen oder nur einen Sessel gestreift hat, gleichermaßen losheult. Man muss also zuerst einmal abwarten, um die Ernsthaftigkeit der Situation zu klären. Ich untersuchte sie im Foyer des Schönbrunner Zoos, da es doch schon ein paar Grad unter null hatte, konnte aber keine Verletzung feststellen. Als ich ihr jedoch die Jacke wieder anziehen wollte, jammerte und weinte sie wieder. Also holte ich einen der dort stationierten Sanitäter, damit er sie untersuche. Der stellte fest, es sei nichts zu sehen, riet aber, dennoch zur Kontrolle ins Krankenhaus zu fahren, denn bei Kindern wisse man nie. Ich war also genauso schlau wie zuvor. Nachdem weder Jackeanziehen noch Drehen des Arms möglich war, bemühte ich meinen Mann nach Schönbrunn, um uns mit dem Auto abzuholen. Er, ohnehin ein Mensch, der bei Krankheit oder Verletzung in Verbindung mit seinen Kindern (oder sich selbst) gerne die Nerven verliert und in Panik gerät, war in kürzester Zeit zur Stelle, nur um dann gemeinsam mit mir feststellen zu müssen, dass wir unsere Tochter nicht mit dem Auto transportieren konnten, da sie, kaum im Kindersitz, jedes Mal vor Schmerzen zu weinen begann. Wir waren ratlos, bis uns ein Sanitäter sagte, er würde sie mit der Rettung fahren lassen. Nun war ich aber doch das Kind meines Vaters, der als Arzt immer wieder betonte, wie lächerlich sich die meisten Menschen verhielten und unnötig Rettung, Ärzte und Ambulanzen „bei den Lappalien dieser Erde" bemühten. Doch ich verdrängte mein schlechtes Gewissen, und die Rettung wurde angefordert. Zwei besonders liebe und engagierte Rettungsfahrer kamen, beruhigten das Kind, das die Aussicht auf eine Fahrt im Rettungswagen unglaublich toll fand und nervös auf und ab wippte, sowie die Mutter, die der Gedanke plagte, dass sie vielleicht völlig überreagiert hatte und als hysterisch abgestempelt werden würde. Als dann der Fahrer das Blaulicht aufdrehte, war mein Kind komplett verzückt, während ich immer mehr in den Sitz hineinkroch. Als das Mädchen dann noch sagte: „Komisch, jetzt tut es mir gar nicht mehr weh", wollte ich aus lauter Scham im Erdboden versinken. Doch es war zu spät, ich befand mich schon im AKH, und weil „mit Rettung gekommen und Kind betroffen", wurden wir auch sofort drangenommen. Der Arzt untersuchte meine Zwetschke nur kurz und die Diagnose lautete: „Elle und Speiche ausgerenkt. Eine sehr, sehr häufige Verletzung in diesem Alter. Ich renke sie ein, dauert nur ein paar Sekunden." Auf meine Frage, ob ich das denn auch selbst wieder hingekriegt hätte, lächelte er und nahm mir mein schlechtes Gewissen: „Das war schon richtig, dass Sie gekommen sind. Es tut dem Kind weh."

Er bewegte den Arm meines Kindes, verdrehte ihn kurz, und ehe mein Töchterlein zu weinen beginnen konnte, war es auch schon vorbei. Glücklich und fix und fertig verließen wir das Krankenhaus.

Am Montag im Kindergarten traf sie ihre beste Freundin, deren Mutter, was die „Glucke" betrifft, ähnlich tickt wie ich. Die beiden begrüßten ihre Pädagogin, und auf die Frage, wie denn das Wochenende gewesen sei, begann Zwetschkes Freundin: „Ja, eigentlich gut, aber meine Mama hat sich über meinen Papa geärgert und die Tür zugeschmissen, als mein Fuß noch drin war, und nun ist er ganz blau." Klang nicht gut. Die Mutter des Kindes wurde rot und sagte: „Na, so war es dann auch nicht." Meine Tochter toppte die Situation aber ganz schnell, indem sie hochdramatisch ausrief: „Das ist ja gar nichts, meine Mama hat mir im Zoo den Arm ausgerissen und daraufhin musste ich mit Blaulicht ins AKH." Nun wurde ich rot, doch mein Einwurf, dass das

ebenfalls nicht so gelaufen sei, interessierte niemanden. Die Pädagogin lächelte freundlich und fragend, nahm dann aber die Kinder mit in den Gruppenraum. Die Mutter von Zwetschkes bester Freundin (die wiederum meine liebe Freundin ist) lächelte und sagte: „Wenn man das so hört, klingt das nach reichlich asozialen Rabenmüttern."

Tja, so schnell kann man das Image wechseln.

Gott sei Dank hat unseren Kindern niemand von ATV zugehört. Sonst würden wir sicher eine eigene Sendung bekommen.

GUTE RATSCHLÄGE

Wir alle kennen sie, und jede Mutter hat sie in ihrem
Bekanntenkreis: die noch Kinderlose, die bereits alles
über Kinder weiß. Sie gibt Tipps, verdreht die Augen
und blickt genervt. Sie hat keinerlei Verständnis, dass
das dringende Bedürfnis der Zweijährigen, aufs Klo
zu gehen, Priorität hat gegenüber der Schilderung der
neuen Entwicklung im Job. Sie kommt mit Beispielen
von Müttern, deren Kinder schon mit drei Monaten
durchgeschlafen haben, und ist konsterniert, wenn
man lieber um acht mit dem Neugeborenen schlafen
geht, als mit schlechtem Gewissen und hängenden
Augenlidern mit ihr den neuesten französischen Film
ansieht. Nimmt man ihren Anruf nicht in der Sekunde
entgegen, sondern ruft erst Stunden später zurück, weil
die lieben Kleinen einen dermaßen auf Trab halten, ist
sie beleidigt oder ungehalten. Sie jammert über stressige
Jobs, nervige Kollegen oder über die Tatsache, dass alle
so langweilig würden, wenn sie Kinder kriegten. In ihrer
Freizeit stählt sie ihren Körper und betont dies auch
möglichst oft, fährt in Wellnesshotels und versteht nicht,
wie man seinen Körper so undiszipliniert behandeln und
sich ständig irgendetwas Essbares in den Mund stopfen
kann, anstatt sich liebevoll gesunde Mahlzeiten aus

allerlei Zutaten zu bereiten. Verständnisloses Kopfschüt-
teln bei Spielzeug, das blinkt und Lärm macht.

Diese Art der stummen oder wortreichen Kritik hält
genau bis – ja, genau, man kann es sich denken –, bis sie
selbst Kinder hat. Vielleicht hat sie Glück und bekommt
ein pflegeleichtes Baby, dann bleiben die Haltungen noch
ein wenig bestehen. Aber: Jedes Kind wird irgendwann
neugierig, räumt irgendwann Schränke aus, wird krank,
bekommt Zähne, hat einen schwierigen Entwicklungs-
schritt zu bewältigen, kann nicht einschlafen, will etwas,
will noch etwas, tobt außerhalb der eigenen vier Wände,
wacht in der Nacht auf. Die Liste lässt sich beliebig fortsetzen. Spätestens dann, wenn es auch in ihrem Leben
so weit ist, ändert sich der Gedankengang der einst
Kinderlosen. Sie ist müde, sehnt sich nach dem Büro
zurück, wo sie zumindest ab und zu in Ruhe eine Kaffee-
pause machen oder die Toilette benutzen konnte, ohne
dass jemand heulend vor der Tür stand. Sie erinnert
sich wehmütig an ungestörte Konversationen in ganzen
Sätzen und mit sinnvollem Gehalt. Sie geht nun auch
um acht schlafen, einfach weil sie nicht anders kann.
Französische Filme interessieren sie nicht einmal mehr
am Rande, über Essen macht sie sich wenig Gedanken,
außer das Kind hat Hunger. Im Fitnessstudio war sie seit

Monaten nicht. Aber was sie dann am allermeisten nervt, sind nicht die Freundinnen, die sie mit den Blicken: „Ich hab' es dir ja gesagt" beschenken, sondern die eine, die keine Kinder hat und ihr erklärt, wie sie es machen wird, wenn sie einmal Kinder hat.

Hunde werden geliebt

Hunde mag man oder nicht. Ich war einer jener Menschen, die Hunde gern haben. Auch war ich selbst jahrelang Hundebesitzerin in Wien und liebte den Vierbeiner sehr. Aber wenn man Kinder hat, passiert mitunter ein Sinneswandel hinsichtlich Hunden, genaugenommen hinsichtlich Hundebesitzern und natürlich Hundebesitzerinnen. Ich für meinen Teil wurde ein klein wenig intoleranter. Hunde ohne Beißkorb, die sich dem Kinderwagen nähern, werden von mir argwöhnisch fixiert. Herrl und Frauerl, die den Hund ohne Leine laufen lassen, weil der „ja eh nichts tut", schon einmal angemeckert. Aber wo sich das Thema Hund komplett der Toleranzgrenze nähert, ist bei dessen Ausscheidung. Hundekacke wird spätestens dann ein brisanter Diskussionspunkt, wenn der Jungspund von gerade einmal einem Jahr auf wackeligen Beinen in Schuhen mit hohem Profil in einen Haufen getreten ist und nun auch noch, weil müde oder nicht so trittfest, den restlichen Weg getragen werden will. Das ist der Moment, in dem meine Tierliebe und auch die Nächstenliebe gegenüber allen Menschen mit Hund an ihre Grenze kommt. Kleben die Exkremente auch an der Jacke oder an den Händen des Kindes, kann es passieren, dass ich Schimpfwortkombinationen erfinde, zu denen ich normalerweise gar nicht in der Lage wäre, geschweige denn dass ich es wagen würde, sie vor meinen Kindern auszusprechen. Ich wünsche mir dann insgeheim den Besitzer oder die Besitzerin her und tauche ihn oder sie gedanklich mit allen Körper- und Kleiderteilen in die Fäkalien. Leider erwischt man sie oder ihn höchst selten auf frischer Tat, das heißt beim Liegenlassen des Gackerls, und wenn doch, gibt es Individuen, die besonders cool auf die Schimpftiraden reagieren und einfach weitergehen. Das trägt natürlich nicht dazu bei, dass die Wut wieder verraucht. Von nun an beobachtet man missmutig jeden kackenden Hund und sein Frauchen oder Herrchen, ob dieses eh ein Sackerl in der Hand hat, und flucht bei jedem Hundehaufen, wenn er nur im Blickfeld erscheint.

Aber das Absurdeste hab' ich erlebt, als meine erste Tochter mit zweieinhalb begann keine Windel mehr zu tragen. Es war Sommer, sie hatte ein leichtes Kleidchen an und war immer sehr stolz, wenn sie mir verkündete, dass sie „Lulu" musste. Der Sommer ist da wirklich praktisch: Kleid hoch, Hose runter und in einen Kanal. Just als mein Kindchen durch ein Kanalgitter pieselte, kam eine Frau aus dem gegenüberliegenden Haus mit ihrem Köter heraus, schüttelte den Kopf und fragte mich, ob ich mich denn nicht schämte, dass mein Kind hier so öffentlich Pipi machte. Die Situation gewann noch an Skurrilität, als im selben Moment ihr Köter gegen die Hausmauer pinkelte. Ich glotzte sie eine Weile an, so lange brauchte ich, das Gesehene/Gehörte zu verdauen, und dann hatte ich einen circa zwanzigminütigen Lachanfall, während die Dame kopfschüttelnd davonging.

AUFKLÄRUNG

Das Thema Aufklärung kindgerecht zu verpacken und sich dabei halbwegs an die Wahrheit zu halten, ohne das Kind zu überfordern, ist, so finde ich, schwer. Dennoch: Ich habe bei meinen Kindern den Eindruck, sie glauben, auch wenn sie vieles hinterfragen, letztlich, was sie glauben wollen.

Der erste Erklärungsbedarf ergab sich, als Zwetschke zweieinhalb war und ich mit ihr zu einer Freundin von mir fuhr, die im siebten Monat schwanger war. Als ich dort auf den Kugelbauch deutete und der Kleinen mit einem Lächeln erklärte, dass da ein Baby drin ist, reagierte sie völlig geschockt, schaute mich mit riesigen Augen an und flüsterte: „Gefressen?" Aus der Sicht des Kindes war das völlig logisch, also erklärte ich, dass das Baby da anders hineinkommt, aber wie genau, wollte sie zum Glück nicht wissen. Der Umstand, dass das Baby nicht zuerst von der Mutter aufgefressen werden musste, reichte ihr völlig aus.

Zwei Jahre später war dann der Unterschied zwischen Mädchen und Bub großes Thema. Aber auch hier galt: Ich glaube, was ich glauben möchte. Denn als sich im Schwimmbad ein Junge mit schulterlangen Haaren neben meinem Mädchen in der allgemeinen Dusche wusch, erklärte mir meine Tochter, das sei ein Mädchen, denn sie habe ja lange Haare. Auf meinen Einwand hin, dass auch Buben lange Haare haben können, schüttelte sie nur den Kopf. Ich gab ihr den Hinweis, sie solle doch einmal das Geschlecht des Jungen anschauen. Sie meinte daraufhin, das habe sie getan und sie wisse, dass das Mädchen eine sehr eigenartige „Mumu" habe, weil die zwischen den Beinen so komisch runterhänge. „Aber", fügte sie mit todernstem Blick hinzu, „das gibt es eben."

Aufklärung

Man hört Geschichten

Manche Geschichten, die man hört, verdienen es einfach, aufgeschrieben zu werden, egal ob sie stimmen oder nicht. (Die Freundin, von der ich die Geschichte habe, schwört Stein und Bein, dass es sich genau so zugetragen hat.)

Es war einmal in einem Lebensmittelgeschäft. Da stand eine Frau an der Kassa und hinter ihr war eine wahnsinnig lange Schlange. Alle Wartenden grantelten herum, wie das in unserem ach so freundlichen Land mit den ach so freundlichen Menschen nun einmal ist. Alle wollten schnell nach Hause, hatten klarerweise wenig Zeit. Die Frau an der Kassa hatte vergessen, ihr Obst abzuwiegen, was ihr nicht nur den Unmut der Menschen in der Schlange einbrachte, auch die Kassiererin schimpfte vor sich hin, um sich schließlich mürrisch in Richtung Obstwaage zu bewegen. Alles stand still.

Bis auf einen kleinen Jungen, der damit beschäftigt war, mit seinem Kindereinkaufswagerl die Ferse der Vorderfrau anzusteuern und mit Karacho auf sie aufzufahren. Die Frau, die gerade dabei war, ihren Einkauf auf das Förderband zu legen, drehte sich schmerzhaft erschrocken um und bat den kleinen Jungen höflich, doch damit aufzuhören. Dieser stoppte kurz und begann, als sich die Frau wieder weggedreht hatte, von

Neuem mit seinen Attacken. Die Mutter des Jungen tat indessen so, als ob sie das alles überhaupt nichts anginge. Die Frau in der Reihe drehte sich nun schon etwas genervter um und bat den Jungen nicht mehr ganz so freundlich und etwas resoluter, mit seiner Aktivität aufzuhören, und erklärte ihm, dass das ziemlich wehtue. Der Junge erwiderte nichts, stoppte kurz und startete erneut los, sobald die Frau ihm den Rücken zugekehrt hatte. Nun untermauerte er sein Tun mit einem lauten „Kawumm". Die Mutter des Kindes verglich währenddessen zwei Preisetiketten und war die Ruhe selbst.

Die anderen Menschen in der Schlange waren einer nach dem anderen auf die Situation aufmerksam geworden und beobachteten mit zunehmender Gespanntheit das Geschehen. Da drehte sich die Frau zur Mutter des Buben um und sagte erbost: „Könnten Sie bitte etwas tun, damit Ihr missratener Bengel mir nicht ständig mit Absicht gegen die Ferse fährt?" Woraufhin die Mutter beinahe erstaunt und wohl auch ein wenig provokant dreinblickte und erwiderte: „Mein Kind genießt eine antiautoritäre Erziehung und da macht es sich die Dinge mit den Menschen in seinem Umfeld selbst aus." Nach dieser Ansage lächelte sie fast süffisant.

Alle Blicke waren auf das Opfer gerichtet und man wartete gespannt auf eine Reaktion. Die Frau stutzte kurz, dann verwandelte sich ihr Gesichtsausdruck von absoluter Ungläubigkeit in ein Lächeln, das niemand so recht deuten konnte, es wurde immer breiter. Sie drehte sich zum Förderband, nahm einen Becher Joghurt in die Hand, wandte sich wieder um, öffnete den Becher, schwenkte ihn kurz und entleerte ihn dann mit beinahe gruseliger Langsamkeit über dem Kopf des Jungen. Das Ganze kommentierte sie ruhig mit den Worten: „Oh, das verstehe ich. Diese Erziehung habe ich auch genossen." Dann wandte sie sich wieder dem Förderband zu und räumte seelenruhig weiter ihren Einkauf aus dem Wagen.

Die Menschen an der Kassa reagierten sehr unterschiedlich, einige lachten, anderen schüttelten den Kopf, aber die allgemeine Stimmung war auf der Seite der Frau.

Ob sich das Ganze wirklich so zugetragen hat oder nicht, ist nicht so wichtig. Fakt ist: Die meisten von uns haben sich zumindest schon einmal gewünscht, so cool zu reagieren wie diese Frau.

WEIHNACHTSKARTEN

Es gibt Gegenden in Wien (dazu zählt vor allem der 19.
Bezirk), da ist es schick und auch Standard, zu Weih-
nachten Karten mit den Kindern in unterschiedlichen
Posen als Motiv zu verschicken. An sich eine sehr schöne
Gepflogenheit. Nur: Diejenigen, die sich ihr entziehen
und das auch kundtun (ich: „Ich mach' so etwas nicht,
das ist mir zu viel Arbeit"), werden schief angeschaut
und wohl auch ausgerichtet. Meine Theorie, und die teilte
ich auch begeisterten Weihnachtskarten verschickenden
Freundinnen mit, war: Man bekommt die Karten von
Bekannten, findet sie nett, lächelt und schmeißt sie weg.
Gut, die von den Freunden schaffen es zumindest für
eine Weile mithilfe eines Magnets an den Kühlschrank.
Ab einer gewissen Menge wird aber meiner Meinung
nach nicht einmal mehr registriert, welche von wem
ist und wer noch nicht geschickt hat. Und einmal im
Ernst: Wer hängt sich Bilder von fremden Kindern auf?
Jährlich, wenn es zu Weihnachten beginnt, ist das laut
meinen Freundinnen meine Rechtfertigung, dass ich
keine Weihnachtskarten versenden muss. Doch letztes
Jahr fand meine Theorie endlich Bestätigung. Meine
Freundin N. war bei einer ihrer Bekannten. Diese lobte
N.s Weihnachtskarte und betonte, wie sehr sie sich
darüber gefreut habe. Meine Freundin dachte kurz nach,

welche der vielen Glückwunschkarten, die bis dahin bei ihr eingetrudelt waren, von der Bekannten gewesen war, es wollte ihr nicht einfallen und daher sagte sie leichthin: „Eure Karte war auch besonders hübsch." Worauf die Bekannte verwundert meinte: „Du hast sie schon bekommen? Ich hab' sie doch erst vor zwei Stunden zur Post gebracht." Meine Freundin stammelte kurz herum und verabschiedete sich schleunigst.

Sie erzählte es mir lachend und ich war froh, dass ich mich nie dazu durchgerungen hatte, meine Kinder ablichten zu lassen und dann als Gruß mit Text in vielfacher Ausgabe durch die Gegend zu schicken. So konnte ich getrost weiterhin die wertvolle Zeit anderen, wirklich und wahrhaftig sinnvollen vorweihnachtlichen Aktivitäten widmen, wie Adventkalender befüllen oder Kunstschnee ans Fenster sprayen.

Zwetschke & Rübe

EINES BESSEREN BELEHRT

Ja, ich gebe es zu. Auch ich war nicht gefeit davor, bei schwierigen Kindern in so manch schwieriger Situation die Schuld der elterlichen Erziehung zu geben. Auch ich ertappte mich hin und wieder dabei, dass ich milde lächelte, wenn der Spross einer Freundin den Müsliriegel verweigerte, weil ein Stück abgebrochen und der Riegel somit „kaputt" gegangen war. Manchmal kam dann gar ein: „Nein, so was kenn' ich eigentlich nicht, aber sie würde von mir auf keinen Fall einen neuen bekommen!" über meine Lippen.

Bei Kindern, die an der Kassa brüllten, lächelte ich süffisant und bei Kindern, die den ärztlichen Warteraum nicht einmal unter verzweifelten Bestechungsversuchen betraten, schüttelte ich den Kopf. Es gab Situationen, in denen fremde Kinder um sich schlugen, brüllten, nicht teilten oder nicht weitergehen wollten, und ich atmete nur kurz hörbar aus, um meinem Kind zu erklären, dass eben nicht alle Kinder gleich seien. Warum ich so reagierte? Tja, weil Kind eins alias Zwetschke zwar, möglicherweise durch den Umstand einer Frühgeburt begünstigt, das erste Jahr, quasi durchgeschrien und vier Jahre nicht durchgeschlafen hatte, dafür aber ab dem Alter von einem Jahr das verständnisvollste und freund- lichste Kind der Welt gewesen war. Bei abgebrochenen

Müsliriegeln erklärte ich ihr, dass der noch genauso schmecke, und gut war's. Bei den Zuckerl an der Kassa deutete ich ins Wagerl und zeigte ihr, was sie sich bereits ausgesucht hatte, und alles war gut. Beim Arztbesuch schäkerte sie mit dem Doktor, stellte Mund und Nase bereitwillig zur Untersuchung zur Verfügung, hustete auf Befehl und tat, worum man sie bat. Sie haute nicht, sagte vielmehr selber: „Tut ja weh!" Sie teilte, weil sie wusste: Ich bekomme genug, und das Spielzeug kriege ich wieder. Sie blieb immer in meiner Nähe, weil sie das wollte. Mir war vollkommen klar: Die Eltern eines Kindes, das anders reagierte als meines, waren selber schuld, waren nicht konsequent genug, erklärten nicht genug, taten einfach irgendetwas nicht genug.

Tja, und einige Jahre später wurde ich eines Besseren belehrt. Es kam Kind zwei alias Rübe (als ob wir es gewusst hätten) auf die Welt. Das erste Jahr war toll. Rübe schlief brav, war ein „Wagerlkind", rundum zufrieden und ausgeglichen. Zwetschke liebte sie und teilte alles mit ihr. Doch mit etwa einem Jahr entdeckte mein Kind, dass es einen eigenen Willen hatte. Und diesen auch durchsetzen wollte. Und das nicht in jeder, aber doch in so mancher für mich nicht ganz passenden Situation. Obwohl ich mir sicher war und

bin, erziehungstechnisch zumindest ähnlich wie bei
Zwetschke vorgegangen zu sein, kam alles anders.

Rübe begann, abgebrochene Müsliriegel, Weckerl
mit „Loch", zerbrochene oder zerbröselte Lebensmittel
nicht nur zu verweigern, sondern brüllend nach neuen
zu verlangen. Sie schrie und deutete auf die Süßigkeiten
im Supermarkt, beim Arzt flippte sie schon auf dem Weg
dorthin komplett aus und ließ sich nur unter Protest und
mit der Hilfe von zwei Arztgehilfinnen untersuchen,
sie kreischte, sie borgte nichts her und haute, wenn ihr
etwas nicht passte. Wenn sie nicht weitergehen wollte,
ging sie nicht weiter. Und obwohl ich – konsequent,
wie ich bin (meistens) – keine neuen Müsliriegel
herausrückte, erklärte, mir den Mund fusselig redete,
ignorierte und schimpfte, kamen die gleichen Situationen in ziemlich regelmäßigen Abständen vor. Ich spürte
jedes Mal die mitleidigen Blicke so mancher Mütter. Ich
sah, wie sie den Kopf schüttelten und leise ausatmeten
oder ihren Kindern erklärten, dass es eben auch solche
Kinder gebe. Dann dachte ich mir zwei Dinge: 1. Ja! Ich
habe die Lektion gelernt! Und 2. Bitte, lieber Gott, schick
diesen Müttern auch ein Kind mit starkem Willen, auf
dass ihnen das verständnislose Lächeln vergehe!

HOLZSPIELZEUG

Mein Bruder hat einen Buben bekommen, das erste
Kind. Als ich ihm anbot, unter anderem die Unmenge an
Spielsachen vorbeizubringen, die sich im Laufe meiner
beiden Kinder angesammelt hatte, antwortete er mir:
„Du, nein danke, das macht alles Lärm und blinkt und
wir wollen ihn von solchen Sachen eher fernhalten.
Wenn du willst, kannst du bei Besuchen ja so etwas
mitbringen, aber die ganze Menge werden wir nicht
brauchen." Ich möge sie doch jemand anderem geben.
Ich lächelte in mich hinein und nickte, denn nur zu gut
konnte ich mich an meine eigenen Aussagen erinnern:
„Mein Kind wird nur mit Holzspielzeug spielen." Und:
„Ich will mein Kind von Plastik und Lärm fernhalten."
Ich packte sämtliches Zeug in eine Kiste, brachte sie
in den Keller und wartete. Acht Monate später war es
dann so weit. Auf die Frage, was sich denn mein kleiner
süßer Neffe zur Taufe wünsche, antwortete mein Bruder
zögernd: „Na, der Kleine liebt am meisten alles, was
Musik macht, blinkt, leuchtet und plappert. Hast du da
vielleicht noch das eine oder andere Teil?" Ich lächelte
wieder vor mich hin, bejahte und holte die Kiste aus dem
Keller, um sie zu entstauben.

Ich erzählte meinem Mann davon und wir schmun-
zelten gemeinsam darüber, wie wir uns einstmals das

Leben mit Kind vorgestellt hatten und wie es dann tatsächlich war (also natürlich viel, viel schöner, aber zugegebenermaßen auch viel, viel anstrengender). Trotzdem konnte ich, böses Weib, nicht damit hinterm Berg halten und musste meine Schwägerin anrufen und ihr unter die Nase reiben, wie gut es doch sei, dass ich das Klumpert aufgehoben hatte und ich es so bald als möglich vorbeibringen würde.

Ich habe eben doch mehr von meiner Mutter, als ich mir manchmal eingestehen will.

Holzspielzeug

EMOTIONALE AKTIONEN

Ich habe manchmal eine sehr emotionale Art zu leben. Diese äußert sich unterschiedlich. Einmal tanze ich singend mit meinen Kindern durch das ganze Wohnzimmer, dann spielen wir beim Einkaufen Musical-Star oder hüpfen auf einem Bein nach Hause (wenn wir gerade einmal nichts eingekauft haben). Wenn ich wütend bin, kann ich richtiggehend explodieren oder liefere divenhafte Aktionen. Bei den Kindern kommt das selten vor, da bin ich wirklich geduldig. Aber im Zusammenhang mit erwachsenen Mitmenschen – und da vor allem mit meinem Mann – reagiere ich des Öfteren irrational.

Das beste Beispiel, wie ich mich selbst zum Affen machen kann, führte ich einmal vor, als Zwetschke ganz klein war. Ich hatte eine Spaghettisoße gekocht und war bereit für ein gemütliches Abendessen. Mein Mann kam nach Hause, ging zum Herd, probierte die Soße und verzog das Gesicht mit dem Spruch: „Wie immer nicht genug gewürzt." (Zu diesem Zeitpunkt wusste er nicht, dass eine Zeit kommen würde, in der anstandslos alles gegessen wird, und sei es noch so langweilig, einfach weil Zeit und Möglichkeit fehlen werden, großartige Menüfolgen herzustellen.) Auf alle Fälle gab er sein Statement ab und ging zurück ins Vorzimmer, um sich die Schuhe auszuziehen. Ich war sprachlos ob dieser unsensiblen Art, das vielleicht zu wenig gewürzte, aber doch von mir liebevoll und mit Mühe zubereitete Essen abzutun. Die Meldung sickerte. Zwei Sekunden später war ich so wütend, dass mir nur eines blieb: Ich brüllte ihn an. „Dann koch dir halt selber was!" Ich riss mit einem Ruck die schwere Pfanne vom Herd und wollte ihren Inhalt einhändig (auf dem anderen Arm hatte ich den Säugling) ins Klo schütten. Auf dem Weg dorthin wurde sie aber dermaßen schwer, dass ich sie wie im Zeitlupentempo sinken ließ und dabei so drehte, dass sich der gesamte Inhalt über die im Vorzimmer befindlichen Schuhe ergoss. Mein divenhafter Auftritt wurde in der Sekunde von Peinlichkeit überrollt. Ich war den Tränen nahe. Drehte mich um und lief türenknallend ins Wohnzimmer.

Eines muss man meinem Mann lassen: In Extremsituationen weiß er sofort, was zu tun ist. Ohne Kommentar wischte er die gesamte Sauerei weg, deckte wortlos den Tisch und bestellte beim Japaner. Ich bin bis heute froh, dass über diesen Vorfall nie mehr gesprochen wurde.

Emotionale Aktionen

KOCHEN

Ja, ich stehe dazu: Ich kann nicht besonders gut kochen. Vor allem unter widrigsten Umständen (zwei hungrige Kinder, der Kühlschrank übervoll mit kindungerechten Sachen und zudem Zeitdruck) gelingt mir öfter einmal etwas nicht. Wenn doch, spart Zwetschke nicht mit Kommentaren wie: „Schaut zwar grauslich aus, schmeckt aber ganz gut." Oder: „Es schmeckt eigentlich ganz gut, obwohl du vom Kochen ja manchmal nicht besonders viel Ahnung hast." Na danke! Das spornt an. Neulich war eine Freundin von ihr (sechs Jahre) zu Besuch. Sie blieb zum Essen. Es gab Hühnerfleisch mit Sauce, also ein Gericht, bei dem sogar ungeübte Köchinnen wie ich nicht alles falsch machen können. Zugegeben: Es schmeckte etwas fad. Aber diese Freundin machte Würgegeräusche und Gebärden, die wenig Spielraum für humorvolle Interpretation ließen. Als sie mit ihrer schauspielerischen Darbietung fertig war, setzte sie noch eins drauf, indem sie mir unverblümt ins Gesicht sagte: „Es schmeckt so grauslich, das kann ich nicht essen." Ich war sprachlos, denn mein kleines Kind ist zu solchen verbalen Attacken noch nicht fähig und mein großes ist dafür viel zu sensibel. Sie würde es zumindest mit einem „Ich esse nicht besonders viel" oder „Heute habe ich wenig Hunger" versuchen. Ich bot der Freundin daraufhin ein

Butterbrot an, was sie ebenfalls ablehnte. Vielleicht wäre ich dabei in Versuchung geraten draufzuspucken. Und möglicherweise ahnte sie etwas von meinen Gedanken.

Am Abend erklärte ich meiner Tochter, dass es einen gewaltigen Unterschied mache, ob man jemanden grob beleidige oder ob man einfach ausdrücken möchte, dass man das Angebotene nicht mag. Um eines klarzustellen: Meine Töchter müssen nichts essen, was sie nicht wollen. Probieren ja, aber wenn es nicht schmeckt, ist sogar dezentes Ausspucken in die Serviette erlaubt. Doch höflich, bin ich der Meinung, sollte man trotzdem bleiben. Ich meine, wo kämen wir denn hin, wenn man jegliche Höflichkeit zu Hause ließe, falls sie dort nicht ohnehin schon abhanden gekommen ist? Ich versuche ja auch, auf nette Art ehrlich zu sein, und würde etwa meinem Kind niemals sagen, dass es mit den zwei fehlenden Vorderzähnen leicht vampirhaft aussieht. Oder meinem Mann, dass sein Fahrstil bisweilen zu wünschen übrig lässt und seine Art, mir zu helfen, mitunter mehr Schaden anrichtet als Gutes bringt. Ich formuliere solche Dinge vorsichtig, um nicht zu beleidigen.

Bei Kindern ist es aber doch manchmal eine spontane Angelegenheit, wie schnell und was sie antworten. So passierte es vor ein paar Wochen, als ich mit meinen

Kindern in unserer Wohnstraße unterwegs zum Einkaufen war. Wir blödelten und lachten viel. Da kam uns ein Mann entgegen und sagte zu meiner Großen: „Na, du hast ja eine liebe Mama, immer wenn ich euch sehe, lacht ihr alle und habt Spaß." Meine Tochter antwortete: „Ja, lieb ist sie schon, aber kochen kann sie leider überhaupt nicht." Na wenigstens bin ich lieb. Und es gibt eben Dinge, die kann man nicht schönreden.

PHOBIENUNTERDRÜCKUNG

Man hat es nicht leicht als Mutter. So weiß man doch, man sollte den lieben Kleinen eine gewisse Naturverbundenheit vermitteln. Also raus aus dem Alltag, rein in den Wald, in den Park, in die Wiese oder hin zu sonstigen Fleckchen Erde, die unverbaut sind und am ehesten als „Natur" durchgehen. Genau so hab' ich es auch gemacht und tue es noch. Jeder Sonnenstrahl wird genützt, um zu picknicken, zu klettern, im Freien zu spielen, zu pritscheln oder barfuß in der Wiese zu laufen, sofern sich die Hundehaufen in Grenzen halten. Klarerweise gibt es an diesen grünen Orten auch Bienen, Spinnen, Hummeln, Käfer und allerlei anderes Getier. Als gute, furchtlose Mutter, die ja auch eine Vorbildfunktion hat und von den Kindern genauestens beobachtet wird, reagiere ich ganz ruhig, wenn sich eine Biene nähert, trage Ameisen an andere Plätze, gebe Spinnen ein neues Zuhause und rette so manch verzweifelten Käfer vor dem Ertrinken. Manchmal stößt man bei allem Bemühen aber an seine Grenzen. Dass der angefressene Hirschkäfer vor der Ameisenschar in Sicherheit gebracht werden muss, kann ich nicht so recht einsehen. Und die Spinne bei den Großeltern, die gut und gerne als „handtellergroß" durchgeht, würde ich im Normalfall weder retten noch aus sonst einem Grund in die Hand nehmen. Da ich aber mit Argusaugen überwacht werde, suche ich ein Glas und rette auch Tiere, bei deren Anblick es mich im Geheimen schüttelt und ich nichts als das Weite suchen möchte. Ich trage also das Viech mit einem bemühten Lächeln im Gesicht auf den Balkon und werfe es, demonstrativ gelassen, über das Geländer. Meine Kinder sind zufrieden und halten mich für sehr mutig. Nur gebracht hat diese ganze Farce weder beim ersten noch beim zweiten Mädchen etwas. Denn: Zwetschke schreit schon, wenn sich ein Flugobjekt, und sei es noch so klein, auch nur in ihr Blickfeld verirrt. Fünfhundert Meter entfernte Bienen sorgen dafür, dass sie kreischend den Spielplatz verlässt und mir schwört, nie wieder hierherkommen zu wollen. Und das zweite Mädchen, Rübe, zeigt sich in keinster Weise tierchenliebender oder -mutiger. Kreuzen Ameisen den Sandkistenweg, wird geweint und gerufen und Mutter muss herbeistürzen.

Nun frag' ich mich natürlich, wofür ich dieses ganze Theater veranstalte: „Aber das ist doch nur eine kleine Spinne, die fürchtet sich viel mehr vor dir, weil du so groß bist!" Oder: „Schau, ich nehm' das Tierchen ja auch weg und es tut mir nichts!" – wenn es nichts bringt. Nächstes Mal wenn ich eine Spinne sehe, lasse ich meine Ekelgefühle zu, verlasse schreiend den Raum

und rufe nach meinem Mann. Anschließend warte ich
ab, zu welchen Reaktionen das führt. Vermutlich sagt
dann eine der beiden: „Aber Mama, das Tier ist doch so
klein." Oder alle zwei heulen einfach mit. Ich lasse mich
überraschen.

Phobienunterdrückung

BLAMIEREN

Kinder haben ein untrügliches Gespür dafür, einen in peinliche Situationen zu bringen. Zumindest meine. Sei es dadurch, dass sie in der U-Bahn lautstark feststellen, dass die Frau gegenüber unheimlich fett sei, sei es dadurch, dass sie durch die Straßenbahn krähen, sie wollten wieder einmal Cola trinken. Oder sei es dadurch, dass sie im Kindergarten erzählen, dass der Papa beim Frühstück öfters laut rülpse.

Gemein wird es dann, wenn Kinder etwas behaupten, das überhaupt nicht stimmt, und sie nicht bereit sind, es zu revidieren. So hat mich meine mittlerweile größte Tochter einst in der U6 gefragt, ob ich sie denn wieder in den Keller sperre, wenn sie nicht brav sei. Ich verschluckte mich an meinem Wasser und blickte mein Mädchen erstaunt an. Als ich sie fragte, warum sie mich so etwas Komisches frage, wo ich so was doch noch nie gemacht hätte und wir ja nicht einmal einen Keller haben, antwortete sie leichthin: „Na, manchmal machst du das vielleicht schon." Die Leute in der U-Bahn waren ziemlich ruhig geworden und lauschten den Sätzen meiner Tochter. Ich wurde rot und fragte, nun schon etwas leiser: „Wieso sagst du so etwas? Das stimmt doch nicht. Ich hab' dich noch nie irgendwo eingesperrt." Man sah meinem direkten Gegenüber an, dass es mir kein Wort glaubte. Mein Kind dagegen sprach mit einer Seelenruhe: „Na, vielleicht kommt das ja irgendwann. Dass wir einen Keller haben." Ich antwortete nicht, denn am liebsten hätte ich gesagt: „Wenn du so schwindelst, sperr' ich dich wirklich einmal in einen Keller." Aber erstens hätte das meine Mitmenschen vermutlich dazu veranlasst, das Jugendamt zu informieren, und zweitens hätte meine Kleine mit Sicherheit geantwortet: „Haha, das machst du ja doch nicht." Womit sie auch recht gehabt hätte. Und wehe dem, der Kindern gegenüber Drohungen ausspricht, die er sowieso nicht einhält. Das wird sofort durchschaut.

Autofahren

Beim Thema Autofahren mit Kindern scheiden sich
die Geister und Gemüter. Vor allem die der Kinder.
Die einen schlafen auf der Stelle ein, wenn sie das
Motorengeräusch vernehmen, und kuscheln sich in das
Maxi-Cosi, die anderen schreien von der Sekunde des
Starts bis zur Ankunft, außer sie fallen irgendwann
vor Erschöpfung beinahe in Ohnmacht. Manche Eltern
fahren ohne Ziel durch die Gegend, damit der Spross
genügend Schlaf bekommt, andere steigen auf das
Bahnfahren um, um ihre Nerven zu schonen, und Ver-
wandte, die mehr als fünfundvierzig Minuten entfernt
wohnen, werden auf die nächsten Jahre vertröstet.
Auch wenn man vor der Geburt des Kindes beschlossen
hat, sich nicht versklaven zu lassen, denn „da muss das
Kind halt durch", bemerkt man (oder in dem Fall ich),
dass man gerade in einem kleinen Gefängnis von drei
Quadratmetern schnell an seine Belastbarkeitsgrenze
gelangt, wenn man sich auf das Fahren konzentrieren
soll, während ein Säugling sich die Seele aus dem Leib
brüllt. Ich hatte bei meinen Kindern beide Varianten.
Zwetschke brüllte und ich fuhr mit dem Zug. Rübe liebte
Autofahren, zumindest im ersten Jahr, und schlief.
Kinder sind eben unterschiedlich. Das Einzige, was ich
mir gemerkt habe, ist: Irgendwann hat jede Phase ein

Ende. Dann ist alles – Autofahren, Durchschlafen, Essen – kein Problem mehr. Und auf die Frage „Wann?" müsste die Antwort lauten: Irgendwann, aber dafür bestimmt. Wer weiß, womit mein Kind drei aufzuwarten hat.

WAHRHEITEN

Kindermund tut Wahrheit kund. Ich weiß nicht so
recht, auch Kinderwahrheiten sind manchmal subjektiv
gefärbt. Oder eingefärbt von den Erwachsenen. Denn als
ich einmal bei einer Veranstaltung meinem Mann hinter
vorgehaltener Hand zuflüsterte, was denn meine Mutter
für einen hässlichen Fetzen trage, war mir nicht klar,
dass mein damals dreijähriges Kind es hörte, zu eben-
dieser lief und sagte: „Oma, dein Kleid ist ein hässlicher
Fetzen, finden Mama und ich." Dass ich ihr gesagt hätte,
dass es mir nicht gefiel, vor allem wenn sie mich gefragt
hätte, ist klar. Aber ich hätte es doch nicht so formuliert!
Zu spät, der Elternhaussegen hing schief. Verstärkt
wurde dies noch dadurch, dass meine Mutter ihre
Enkelin fragte, was sie denn von der neuen Kreppfrisur
halte, die sie sich extra für den Anlass hatte machen
lassen. Und meine Tochter nach genauerer Inspektion
meinte: „Das ist ein bisschen eine schirche (Anmerk.:
oberösterreichisches Dialektwort für ‚grässliche') Frisur.
Geh doch zu Patrick, das ist unser Friseur, der macht
dich wieder schön." Meiner Mutter zu erklären, dass es
dieses Mal nicht von mir kam, sondern einzig und allein
von der kleinen Kröte, äh Zwetschke, war sinnlos.

Meine Tochter hatte noch viel zu lernen, wie man
etwas formulierte, ohne jemanden zu kränken, und

dabei trotzdem bei der Wahrheit blieb. Und sie lernte. Denn unlängst stand ich vor dem Spiegel. Kind Nummer drei im Bauch, das mir schon am Anfang der Schwangerschaft etliche Kilos verschaffte, jammerte ich meinen Mann an: „Ich fühle mich fett und hässlich." Worauf meine Zwetschke antwortete: „Aber Mama, nur weil du dich fett und hässlich fühlst, heißt das doch gar nicht, dass du es auch bist!" Ich bedankte mich und strahlte sie an, zumindest so lange, bis sie den Nachsatz von sich gab: „Stimmt's? Und wenn man manchmal ein bisschen schwindelt, kann man jemandem eine große Freude machen." Sie ist eben doch meine Tochter.

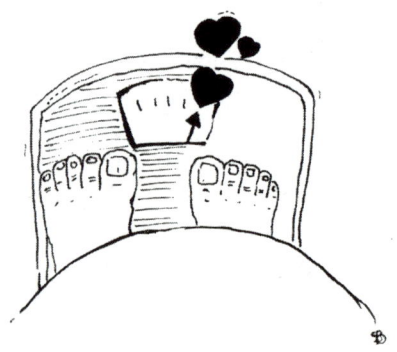

Wahrheiten

Eigener Wille

Es gibt etwas, das mein zweites Kind, die kleine Rübe, mehr liebt als Schokolade, Karussell oder Eis: den eigenen Willen. Vor Kurzem erhielt ich wieder einmal einen untrüglichen Beweis dafür. Mein Kind kann man nicht erpressen, maximal bestechen. Doch oft hilft auch das nichts. Kein „Dann darfst du nicht", „Dann bekommst du nicht", „Dann kauf' ich nicht", dem mein Kind nicht entgegentrotzte. Mein Mädchen setzte sich auf den Boden mit dem ihm ureigensten, eisigsten Blick, der einer Zweijährigen im rosafarbenen Lillifee-Outfit mit Glitzerballerinas nur möglich war. Eine Sekunde später schmetterte sie mir ein rekordverdächtig lautes „NEIN!!!" entgegen. Ich wusste aus Erfahrung: Ich hatte verloren. Mir blieben zwei Möglichkeiten: nachzugeben und sie zu tragen, was angesichts der Tatsache, dass ich im achten Monat schwanger und mit vier vollen Einkaufssackerl beladen war, eine wenig verlockende Perspektive darstellte, oder es wieder mit diversen Tricks zu versuchen. Denn Drohen oder gar einfach Weitergehen hatte keinen Sinn, das hatte ich mir nicht allzu lange Zeit davor nach fünfunddreißig Minuten hinter einem Busch in der Döblinger Hauptstraße direkt vor einem Geschäft eingestehen müssen:

Ich hatte mein Kind von meinem Versteck aus beobachtet. Wie es mit Passanten redete, die sich nach seiner Mama erkundigten, wie es die Schaufenster bewunderte. Völlig angstfrei, obwohl die Mama einfach weitergegangen war und nicht mehr da war. Meine Tochter konnte mich nicht mehr sehen und es war ihr schlichtweg egal. Das war ich nicht gewohnt. Ich war schon vor ihrer Geburt Mutter gewesen. Mutter eines Kindes, das als Säugling sehr betreuungsintensiv, aber danach sehr verständig war. Wenige Trotzerfahrungen also für mich. Hier hatte ich nun meine Meisterin vor mir. Ich bin auch stur, aber mein kleiner Liebling sorgt in solchen Situationen für Ratlosigkeit in mir. Ich bewundere Kinder mit starkem Willen und eigener Meinung. Auf dem Heimweg von einem Einkauf, von dem ich wieder einmal viel mehr mitbrachte, als ich eigentlich brauchte, wirkte sich so eine Machtspielreaktion aber ungünstig auf meine Stimmung aus.

Als ich hervortrat, kam es noch einmal: „NEIN!" Gepaart mit der Aufforderung: „Trage mich!!!"

Ich bekam natürlich den einen oder anderen guten Tipp von den Passanten. „Lassen Sie sie sitzen." „Drohen Sie ihr mit etwas." Danke, wie gesagt, alles schon probiert. Verdammt, ich bin zweifache, bald dreifache

Mutter. Ich bin studierte Pädagogin. Es kann nicht sein, dass ich mich hier und jetzt dem Willen einer Zweijährigen beugen muss! Ich ging zu ihr hin, redete auf sie ein, dass wir doch neue Lacken zum Reinhüpfen suchen wollten oder das Spiel spielen, wie viele Hunde uns bis zu Hause begegneten. Doch ich sah in ihre Augen und tat das Einzige mir Bleibende: Ich hob sie auf den einen Arm, nahm die Sackerl in die andere Hand und stapfte los. Sie dagegen, ob müde von der Auseinandersetzung, ob aus Freude über ihren Sieg oder aber weil sie ja auch nicht aus ihrer Haut konnte, kuschelte sich ganz eng an mich, gab mir einen sanften Kuss auf den Hals und flüsterte: „Ich liebe Mami." Das ließ meinen Ärger über mich, meine Inkonsequenz wie auch über ihre Sturheit dahinschmelzen und meine Lasten waren nur noch halb so schwer.

FREIE TAGE GUT GENUTZT

Es gibt einen Kapitalfehler, den jede Mutter mindestens einmal begeht: unerwartet freie Zeit „sinnvoll" nutzen zu wollen, anstatt einfach etwas für sich selbst zu tun. Einmal war es so, dass meine große Tochter den Nachmittag lieber mit einer Freundin verbrachte als mit mir und ihrer Schwester. Dann holte meine Nachbarin die kleine für zwei Stunden zu sich, damit diese mit ihrer Tochter spielen konnte. Sobald die Wohnungstür ins Schloss gefallen war, hatte ich tausend Ideen. Mich in die Badewanne legen, lesen, fernsehen, nichts tun, etwas für mich kaufen ... Auf keinen Fall Wäsche aufhängen, Geschirrspüler ausräumen, Kasteln umräumen oder derlei nützliche Tätigkeiten. Nein. Nur eines, bevor ich mit meinem Entspannungsprogramm beginnen konnte: die Waschmaschine einschalten und den Daunenpolster, auf den eines meiner Kinder am Vortag Hustensaft verschüttet hatte, dem Kurzprogramm aussetzen. Ich studierte schnell das Etikett. Ja, waschbar. Klitzekleine Zweifel, ob die Nähte auch halten würden, doch dann schob ich den Polster in die Maschine und schaltete ein. Zwanzig Minuten, nun gut, das konnte ich auch noch abwarten. Ich machte mir einen Kaffee und setzte mich hin. Einmal schaute ich nach, ob alles in Ordnung sei, und da fiel mir auf, dass das Programm bei Minute 9 stecken geblieben

war. Gerade als ich die Betriebsanleitung der Waschmaschine suchen wollte, rumpelte sie wieder los, als ob
es kein Morgen gäbe. Und als ich daraufhin erneut nach
dem Rechten sah, entdeckte ich die Bescherung: Der
Daunenpolster war geplatzt, und in meiner Maschine
drehten sich nun, vollständig mit Wasser bedeckt, Aber-
tausende Federteile. Es sah grauenhaft aus, irgendwie
als ob sich jemand in meiner Waschmaschine erbrochen
hätte oder als ob ein Tier geschlachtet worden wäre. Ich
wartete noch etliche Minuten ab, hoffte vermutlich auf
ein Wunder, dann beendete ich das Programm, öffnete
die Trommel und zog den Polster heraus. Na bitte. Wie
appetitlich. Die Federn fühlten sich an wie das, was
immer wieder einmal den Ausguss verstopfte. Grauslich.
Der Umstand, dass ich hochschwanger, sehr dick und
entsprechend ungelenk auf dem Boden meiner zwei
Quadratmeter großen Abstellkammer herumkriechen
musste, wirkte sich auch nicht gerade positiv auf meine
Laune aus. Drei Küchenrollen später war das Malheur
eingedämmt. Die Maschine glänzte wieder und ich
überlegte mir Schritt zwei. Ich musste noch das Sieb
öffnen. Nun wusste ich aus Erfahrung, dass dabei
Wasser austreten konnte. Also holte ich wohlweislich
eine kleine Schüssel und öffnete mit einer Zange das

Ventil. Es war ziemlich anstrengend, ich drehte, so fest es mir möglich war. Anfangs gab das Flusensieb etwas nach, dann hörte ich es knirschen und das Ventil brach in der Mitte auseinander. Dazwischen komprimiert und unmanierlich anzusehen: Federn. Als ich schließlich mit der Zange das restliche Federvieh hervorholte und das letzte kleine Stück Ventil herausdrehte, trat auch tatsächlich ein wenig Wasser aus, das ich mit meiner Schüssel auffing. Gerade als ich diese leeren wollte, machte es leise „plopp", und als hätte eine Katze einen Vogel ausgespuckt, quoll aus der kleinen Öffnung ein weiteres Knäuel Federn. Ein paar wenige Sekunden später schoss Wasser aus der Öffnung. Panisch rannte ich mit meinem Schüsselchen hin, nur um festzustellen, dass dies mehr ein Fall für einen Rieseneimer gewesen wäre. Verzweifelt stürzte ich ins Bad und holte Handtücher und warf sie in der Abstellkammer vor die Waschmaschine, was einen eher geringen Effekt hatte, denn der gesamte Boden der kleinen Kammer war bereits überschwemmt. Ich war den Tränen nahe.

Die noch verbliebene Stunde verbrachte ich mit erneutem Putzen, Aufwaschen, Herumschieben und Wegräumen. Als ich fast fertig war, läutete es an der Tür und beide Kinder wurden zeitgleich abgeliefert.

Freie Tage gut genutzt

Meine Nachbarin lächelte mich freundlich an und sagte:
„Ich hoffe, du konntest dich ein wenig entspannen." Ich
lächelte zurück und bedankte mich, ich brachte es nicht
fertig, ihr mein Desaster zu schildern. Alles wäre besser
für mich und meine Psyche gewesen als die Aktion, mit
der ich die geschenkte freie Zeit zugebracht hatte. Aber
den Vogel abgeschossen hat mein Mann, der mich am
Abend aus Vorarlberg anrief und mir vorjammerte, dass
die Fitnesskammer in dem Luxushotel, in dem er gerade
aufgrund seines neuen Jobs für ein paar Tage einquar-
tiert war, doch nicht so toll sei wie beschrieben und er
so viel zu arbeiten habe, dass er maximal zwei Stunden
am Tag in die Wellnessoase könne. Ich hab' kommentarlos aufgelegt und ihm zur Strafe eines seiner blöden
Totenkopfleiberl weggeschmissen. Nur schade, dass ihm
so etwas nicht einmal auffällt.

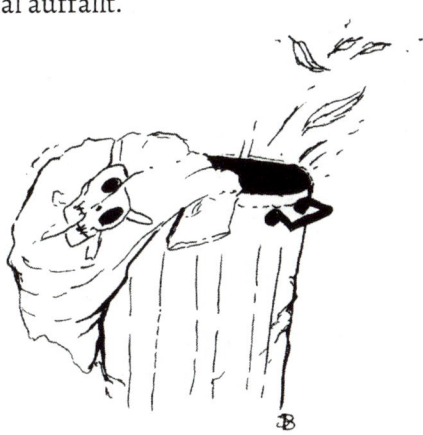

EINKAUFEN

Unlängst war ich einkaufen. Dafür gibt es günstige und
weniger günstige Zeitpunkte. Ein wirklich ungünstiger
ist es, wenn man zwei hungrige Kinder dabei hat, die
dank Vollmond, Neumond, Wetterumschwung oder
was auch immer schlecht geschlafen haben. Und zudem
gerade in Streitlaune sind. Genau so einen Tag hatte ich
mir ausgesucht, um einen Großeinkauf im Großkauf-
haus zu tätigen. Ich rannte also durch das Kaufhaus, die
Kinder saßen im Wagerl und stritten bei jedem Teil, das
ich zu ihnen legte. „Nein, das muss auf deine Seite!" „Ich
hab' keinen Platz!" „Tu deine Füße weg!" Und unisono:
„Das muss wieder raus, so etwas essen wir nicht." Als
ich schließlich schweißgebadet und mit den Nerven am
Ende an der Kassa angelangt war, bemerkte ich, dass
ich zwar eine Menge in meinem Wagen hatte, aber nur
weniges davon auf meiner imaginären Einkaufsliste
stand, geschweige denn in nächster Zeit dringend
gebraucht wurde. Na ja, man kann ja gar nicht genug
Hygienespüler haben! Ich suchte in meiner Tasche
nach den Stoffsackerl, die ich immer bereit habe, und
fand Legosteine, Müsliriegel und Playmobilteile, aber
keine Taschen. „Mama, wenn du die bunten Taschen
suchst, die haben wir gestern zum Spielen gebraucht",
rief mir meine Größere zu, während sie versuchte, aus

dem Wagen zu klettern. Die kleine Schwester tat es ihr nach. Inzwischen war ich an der Reihe und versuchte, gleichzeitig die Geldtasche hervorzukramen, die Kinder rauszuheben, meine Einkäufe auf das Förderband zu legen und zwei Papiersackerl zu ergattern. Die Kassiererin blickte mich genervt an und tippte so schnell, dass ich nicht einmal ansatzweise mit dem Auflegen der Waren nachkam. Meine Kinder spielten und stritten um meine Beine herum und brüllten geradezu die jüngste musikalische Entdeckung: das Lied der Herzkönigin aus „Alice im Wunderland". „Viele Köpfe, viele Hände, viele Kinder. Tscha, tscha, tscha." Na wie passend. Als ich dann endlich die gesamten Lebensmittel und die anderen Dinge in den Sackerln verstaut hatte, gab eine der Papiertaschen nach, riss und der gesamte Inhalt lag auf dem Boden. Ich kroch auf dem schmutzigen Linoleum herum, sammelte ein und schimpfte. Die Schlange hinter mir wurde immer länger, ebenso das Gesicht der Leute. Nicht ein Mensch kam auf die Idee, mir zu helfen, dafür murmelten schon einige mit grimmiger Miene leise Schimpfwörter. Da fiel es gar nicht mehr ins Gewicht, dass meine Bankomatkarte nicht funktionierte, weil sie einen kaum sichtbaren Riss hatte, und ich erst nach längerem Diskutieren mit der Kassiererin und Überle-

gen, was ich denn wieder zurücklegen könnte, damit
das Bargeld reichte, auf die Idee kam, die Kreditkarte zu
benützen. Ich alterte innerhalb von Sekunden um Jahre.
Die Krönung war dann aber, dass der ältere Mann hinter
mir mich anpöbelte und sagte: „Na vielleicht war das
keine so gute Idee, mit zwei Kindern einkaufen zu gehen.
Sie sollten vielleicht das Hirn einschalten." Ich schnappte
nach Luft: „Ja meinen Sie denn, MIR macht das Spaß,
mit zwei grantigen Kindern einkaufen zu gehen?? Ja

Einkaufen

glauben Sie vielleicht, ich mache das aus einem mir uner-
findlichen Anflug von Masochismus?? Wenn ich jemanden hätte, der die Kinder in der Zwischenzeit betreut,
meinen Sie dann ernsthaft, ich würde mir und meinen
Kindern diese Tortur nicht ersparen?? Wer sind Sie denn?
Ein Pensionist, der keine Eile haben müsste und sich
meiner erbarmen und mir wenigstens beim Einsammeln
helfen könnte. Oder noch besser: Das nächste Mal geben
Sie mir einfach Bescheid, wenn Sie Zeit haben, und ich
bringe die Kinder vorher zu Ihnen, damit ich genügend
Muße habe, einkaufen zu gehen und mir auch gründlich
zu überlegen, was genau ich brauche. Wer gibt Ihnen das
Recht, so ganz und gar unsensibel blöde Meldungen von
sich zu geben und auf die hinzutreten, die ohnehin im
wahrsten Sinne des Wortes schon am Boden liegt!" DAS
hätte ich sagen sollen. Doch als ich den Mund öffnete,
fing meine Jüngere an zu weinen, weil sie sich böse das
Knie gestoßen hatte. Also nahm ich sie (hochschwanger,
wohlgemerkt) tröstend auf den Arm, schnappte den
Einkauf, nahm mein anderes Kind an die Hand und
verließ betont langsam und in – so meinte ich jedenfalls –
stoischer Haltung das Geschäft. Nicht ohne mich vorher
noch einmal umzudrehen und den Teil der Belegschaft,
dessen ich ansichtig wurde, sowie die Kunden, die noch

an der Kassa standen, mit Blicken abzuschießen. Als ich dann schweigend (ausnahmsweise schwiegen auch meine Kinder) das Auto eingeräumt hatte und im Wagen saß, kuschelten sich meine zwei an mich. Zwetschke sagte: „Hat der Mann wegen uns mit dir geschimpft?" Ich drückte sie fest an mich und gab ihr einen Kuss. Sie sah mir tief in die Augen und sagte: „Nächstes Mal sind wir braver." Als dann auch noch ein „Schuldige" von Rübe kam, der Kleinen, die keine Ahnung hatte, was sie überhaupt falsch gemacht hatte, wusste ich wieder, dass ich mich glücklich schätzen konnte ob meines Lebens und meines Chaos. Denn wenn ich eines weiß: Ich hätte einer Frau vor mir geholfen, den Einkauf einzusammeln, hätte die Kinder bespaßt oder ihr einfach Mut zugesprochen. Und so soll es auch bleiben.

All Inclusive freiwillig

Bevor man Kinder hat, ist vieles anders. Zum Beispiel
lehnt man gerne All-Inclusive-Urlaube rigoros ab. Man
will im Urlaub seine Ruhe haben, am Strand liegen oder
Sightseeing betreiben oder überhaupt mit Rucksack das
Land erobern. Mit Kindern ändert sich nicht nur die
Einstellung gegenüber solchen Pauschalreisen, zuvor
verändern sich die Bedürfnisse. Waren mein Mann und
ich früher dezidierte Gegner von allem, was „All Inclusive" hieß, so wollten wir es mit Zwetschke zumindest
einmal ausprobieren. Es war in der Vorsaison (zu dem
damaligen Zeitpunkt waren uns die Vorteile der Vor-
und Nachsaisonen noch nicht bewusst). Und siehe da,
es war nett. Es gab immer Essen und man musste sich
nicht beim Bestellen den Kopf zerbrechen, wer welches
kindgerechte Gericht nahm, damit Zwetschke mitessen
konnte und wollte. Es gab kindgerechte Attraktionen.
Überhaupt bekam das Wort „kindgerecht" schon
bald einen neuen Stellenwert, nämlich als sich unser
Töchterlein stundenlang alleine im Kinderpool mit den
bereitgestellten Spielsachen beschäftigte. Es war durch
und durch erholsam für die Eltern, dazu kamen die am
Pool geschlossenen Bekanntschaften zwischen Kindern
wie auch Eltern.

Als wir wieder zu Hause waren, wurden wir von unseren damals noch kinderlosen Freunden bemitleidet, dass wir eine solche Urlaubsart hatten wählen müssen. Unsere Einwände, dass es wirklich sehr nett gewesen sei, wurden nachsichtig belächelt. Uns glaubte niemand.

Jahre später traten wir mit zwei Kindern noch einmal einen All-Inclusive-Urlaub an, allerdings gezwungenermaßen zur Hauptsaison. Da wehte dann ein anderer Wind. Überall Massen von Menschen. Horden am Buffet, Menschen, die offenbar eine solche Angst zu verhungern entwickelt hatten, dass sie tatsächlich schubsten, drängelten und stießen. Unfreundliche, gehetzte Gesichter. Außerdem waren unsere Kinder zu dem Zeitpunkt schon so alt, dass sie sich gerne miteinander beschäftigten. Es reichten ein Pool und ein paar Kübel.

Dafür hatten unsere Freunde mit kleinen Kindern inzwischen entdeckt, welche Vorteile es hatte, all inclusive zu reisen. Und sie waren nun selbst überzeugt, dass es nicht nur Idioten waren, die sich zu dieser Art des Verreisens entschlossen. Sie priesen zu Hause, was alles toll gewesen war. Wir lächelten nur mitleidig und sagten: „Na das haben wir alles schon hinter uns, aber wir verstehen euch."

All Inclusive freiwillig

By-by-one

Mit Kindern ändern sich bei den meisten Menschen
die Urlaubsziele. So wird das obere Italien mit seinem
knöcheltiefen badewannenwasserähnlichen Meer
immer attraktiver, je kleiner und schwimmunsicherer
die Kinder sind: Man fährt nicht besonders lange mit
dem Auto und dort können die Kleinen planschen.
Man nimmt dafür einiges in Kauf, zum Beispiel dass
man eventuell lange suchen muss, um kulinarische
Genussplätze ausfindig zu machen, denn selbst ein
gewaltiger Fußmarsch durch die bibionische Fußgänger-
zone bringt einen nur zu Lokalen, die neben dem Wiener
Schnitzel die klassischen italienischen Gerichte anbieten.
Auf einem Niveau, das man aus dem Felix-Glas aus
österreichischen Geschäften ebenso haben kann. Hätte
man gerne italienisches Flair oder möchte man die
eigenen spärlichen Italienischkenntnisse aufbessern, ist
man an der falschen Adresse. Die Kellner sprechen sogar
mitunter ein besseres Deutsch als so mancher Tourist.
Man findet am sogenannten Hausmeisterstrand viele
Österreicher und oft kennt man einander vom Sehen.
Dennoch: Die Menschen, die sich hier aufhalten, könnten unterschiedlicher nicht sein. Von sich in der Sonne
aalenden Hesse-Liebhaberinnen bis hin zu in die Lektüre
vertieften „Bild"-Konsumenten ist alles vorhanden.

Verständigungsschwierigkeiten gibt es selten. Nur hin und wieder hat man das Gefühl, eine andere Sprache als sein Gegenüber zu sprechen. Erklärte mir doch ein äußerst liebenswürdiger Herr aus Wien: Litschnano möge er jetzt nicht mehr so gerne, aber By-by-one sei wirklich toll. Da stimme das Preis-Leistungs-Verhältnis noch.

Ich möchte an dieser Stelle erwähnen, dass ich wissend genickt, aber circa fünfzehn Minuten gebraucht habe, um zu kapieren, welcher kryptische Ort sich hinter „By-by-one" versteckte.

PEINLICHE ERWACHSENE

Nicht nur Kinder können die Erwachsenen in peinliche Situationen bringen, manchmal schaffe ich das auch bei mir selber ziemlich gut. Es gelingt mir besonders häufig durch meine unverblümte Art (erst kommt mir etwas über die Lippen, dann denke ich darüber nach oder es kommt schon das Nächste).

Als ich schwanger auf einer Hochzeit eingeladen war, stand ich neben einer entzückenden Person. Wir unterhielten uns eine Weile darüber, wie viel wir bei welchem Kind zugenommen hatten und dass es immer schwieriger wurde abzunehmen, je älter wir wurden. Als dann noch ein Wesen aus der Kirche heraus an uns vorbeimarschierte, eine Frau in einem wunderschönen Kleid, mit einem wirklich hübschen Schwangerenbauch in sichtbar fortgeschrittenem Stadium, ansonsten aber rank und schlank, war es mit uns vorbei. „Einmal möchte ich auch so hübsch schwanger sein", stellte ich gut hörbar, mit Blick zu meinen geschwollenen Knöcheln, fest. Die ich, nebenbei erwähnt, im Stehen gar nicht mehr sehen, sondern nur noch erahnen konnte. „Ja", kommentierte die nette Dame neben mir, „so hab' ich auch während keiner Schwangerschaft ausgesehen." Eine Stunde später saßen wir nebeneinander. Zufällig war der Platz dieser elfenhaften schwangeren Frau mit ihrem Mann an unserem Tisch. Wir stellten uns alle vor, und als sie an der Reihe war, erzählte sie uns allerhand von sich. Unter ande-

rem – mit Seitenblick auf mich und erhobener Stimme – dass
sie zwei Kinder im Alter von vier und zwei habe und dass die
Familienplanung bei ihnen somit abgeschlossen sei. Oh nein!
Was für ein Fauxpas. Dabei hatte ich nur nett sein wollen.

Doch beim schlimmsten Fettnäpfchen hab' ich, bevor
ich kräftig reingetreten bin, noch ein paar Mal nachgefragt.
Als unsere Rübe ein Jahr alt war, verkauften wir unsere
Wohnung. Die Maklerin, die zur Besichtigung gekommen
war, erzählte uns nebenbei von ihren zwei Buben, fünf und
sieben. Ich hörte nur mit einem Ohr zu, denn die kleine Rübe
quengelte und wurde von Minute zu Minute unruhiger.
Deshalb fragte ich nach einer Weile die Maklerin, ob es
sie störe, wenn ich kurz ins Nebenzimmer gehe, da ich
mein Kind stillen möchte. Darauf erwiderte sie: „Ach, das
kenne ich, ich stille ja auch noch, aber nur mehr nachts."
Ich lächelte und fragte, wie alt das Kind denn sei. Worauf
sie mich etwas irritiert ansah und genervt zurückgab: „Na,
fünf." Ich verstand nichts: Ja, sie hatte von zwei Buben
gesprochen und da war einer fünf, aber ein Kind im Stillalter
war da nicht dabei gewesen, ich fragte daher erneut: „Nein,
ich meine das Kind, das Sie noch stillen. Wie alt ist das?"
Nun war sie richtig grantig, als sie antwortete: „Ja eben
fünf!!!!" Oh. Das war einer der wenigen Momente in meinem
Leben, in denen ich nichts zu sagen wusste.

Peinliche Erwachsene

KINDERGARTEN

Oh nein. Es ist wieder so weit. Mein zweites Kind
kommt in den Kindergarten. Eigentlich ein Grund zum
Jubeln, da ich ab nun jeden Vormittag nur noch einen
kleinen Säugling zu betreuen habe und ein wenig Zeit
für mich bleibt, sollte dieser des Öfteren schlafen. Aber
bevor meine süße Rübe regelmäßig die Morgenrunde
im Kindergarten mitmacht und Selbstgebasteltes nach
Hause bringt, muss sie in den Kindergarten eingewöhnt
werden. Daran kann ich mich bei Zwetschke noch
erinnern. Monatelanges Garderobensitzen. In der Zeit
hielten mich viele Mütter für ein seltsames Inventar und
die Kinder für eine neue Pädagogin, die sich aus der
Garderobe nicht heraustraute. Ich saß dort viele, viele
Stunden und jedes Mal wenn ich mich nur für ein paar
Minuten wegschlich, um zum Beispiel zur Toilette zu
gehen, brüllte meine Tochter alles nieder und am nächsten Tag hatte ich Mühe, sie überhaupt in die Richtung
des Kindergartens zu bewegen. Die Pädagoginnen waren
rührend. Wie sie mich nach einiger Zeit liebevoll darauf
hinwiesen, dass ich irgendwann doch einmal die Garderobe verlassen sollte, damit mein Kind *alleine* im Kindergarten bliebe. Sie versicherten mir, dass das Mädchen
getröstet und umsorgt werde und auch bestimmt gleich,
nachdem es akzeptiert hätte, dass die Mama weg war,

zu weinen aufhören wird. Ich versuchte es und hatte
erstens ein irrsinnig schlechtes Gewissen und zweitens
machten mich das Weinen und das Umklammern
meiner Beine mit den kleinen Händen ziemlich fertig.
Ich war unglücklich und nach einer Weile auch ein wenig
genervt. Was stimmte denn da nicht, dass mein Kind
sich so gar nicht von mir trennen konnte? Irgendwann
schaffte ich es dennoch, täglich das Gebäude zu verlassen (es muss so nach drei, vier Monaten gewesen sein).
Die Pädagoginnen atmeten auf und sogar mein Kind
mochte den Kindergarten auf einmal gern.

Ich machte mich daher auf das Schlimmste gefasst,
als ich am ersten Tag mit Rübe im Kindergarten ankam.
Ich zog ihr die Hausschuhe an, zeigte ihr die Gruppe und
wollte mich, wie gewohnt, in die Garderobe setzen, als
sie zu mir sagte: „Ich bleibe da, du kannst mich später
holen." Weg war sie und stapfte Richtung Puppenküche
und Pädagoginnen, die sie ja schon vom Abholen ihrer
großen Schwester und von Erzählungen kannte, weshalb
sie wusste, dass es sich um „die lieeebsten der Welt"
handelte.

Na gut, dachte ich mir, dann kommen die Mätzchen
vermutlich ein paar Tage später, wenn sie merkt, dass sie
regelmäßig hierher soll. Aber auch am nächsten Tag blieb

jegliches Theater aus und auch am übernächsten und am Tag darauf. Ich war verwirrt, nein, eigentlich war ich unglücklich oder, noch besser gesagt, verletzt. Das war's? Das sollte alles gewesen sein? Was stimmte denn da nicht, dass mein Kind sich so schnell von mir trennen konnte? War es mit mir zu Hause so langweilig gewesen, dass sie lieber in den Kindergarten ging? Mochte mich mein Kind nicht mehr? Ja klar wollte ich, dass sie gerne in den Kindergarten ging. Aber doch nicht, ohne mir vorher noch gründlich zu zeigen, dass es mit mir am schönsten war!

MÄDCHEN UND SCHMUCK

Obwohl ich eine Mama bin, die kaum Schmuck trägt,
lieben meine Kinder alles, was glitzert und glänzt. Die
Lieblingsfarben nebst Rosa sind Gold und Silber. Sie
horten glitzernde Spangerl und Ketten und schwatzen
ihren beiden Omas immer wieder Ketten, Ohrringe und
sonstigen Klimbim ab. Nun habe ich ein paar wenige
und großteils wertlose Ringe und Armbänder, die ich
gelegentlich trage. Diese befinden sich nicht in einer
dafür vorgesehenen Schmuckkassette, sondern im
Bad in einer Lade eines kleinen Holzkästchens neben
meinen Schminkutensilien. Dieses Kästchen ist auch
für meine Kinder leicht zugänglich. Was die Lösung des
Rätsels einfach macht, wohin immer wieder einmal ein
Kettchen oder ein Ring verschwindet. Nur fällt mir das
so gut wie nie auf. Erst wenn ich beim Aufräumen des
Kinderzimmers meine Sachen entdecke, wird mir klar,
dass sie sich meine Kinder ausgeborgt haben. Und zwar
für immer. Einmal ins Kinderzimmer verschwunden, nie
wieder zurückgekommen. Nur einen Ring habe ich, auf
den ich heikel bin. Den dürfen sie sich nicht ausborgen.
So ist die Regel. Er ist der wertvollste, aber vor allem ist
er der einzige, der für mich eine Geschichte mit wunderbaren Erinnerungen trägt. Er gehörte meiner Oma, die
ich sehr geliebt habe.

Genau diesen Ring hab' ich als Erstes gesucht, als wir von unserem zweiwöchigen Sommerurlaub zurückkamen und eine verwüstete und ausgeraubte Wohnung vorfanden. Gerade als ich in Tränen ausbrechen wollte wegen des verlorenen Schmuckstückes (und natürlich auch aufgrund des Schocks, dass jemand in unsere Wohnung eingedrungen war), kam Zwetschke aus ihrem Zimmer gelaufen. Blass, schockiert, aber doch auch ein wenig erleichtert und mit einem zaghaften Lächeln im Gesicht drückte sie mir etwas in die Hand mit den Worten: „Musst nicht traurig sein. Bitte nicht schimpfen, ich weiß, ich hätte ihn mir nicht ausborgen dürfen, aber ich hab' es getan und vergessen, ihn zurückzulegen." Ich sah in meine Hand und da lag der Ring. Unter all dem Schnickschnack im Kinderzimmer hat der Dieb offenbar nichts Wertvolles vermutet und alles liegen lassen.

Ach, wie liebe ich diese Kinder, die so oft die Regeln brechen und mir nicht gehorchen!

KINDER UND HUSTEN

Es gibt Krankheiten, da ist man als Elternteil machtlos.
Da gibt es zwar dank Pharmaindustrie Millionen
Produkte, aber alle haben mitunter den gleichen Effekt,
nämlich keinen. Husten, und vor allem Reizhusten, ist
da besonders gemein. Es gibt Kinder, wie meine, die
untertags fit sind und gar nichts haben, aber, sobald sie
sich ins Bett gelegt haben, husten sie die ganze Nacht
im Zwanzig-Sekunden-Takt. Das ist anstrengend für
Mutter, Vater und Kind. Arm sind sie. Und am Anfang
ist das Mitleid auch größer als der Grant. Aber nach
ein oder zwei Nächten nervt diese Husterei gewaltig.
Auch als Danebenschläferin werde ich ständig wach.
Oft werden meine Kinder komplett munter durch diese
elende Husterei und wollen Halligalli machen oder etwas
essen oder sind einfach nur unleidlich. Ich habe alles
ausprobiert: Geschnittene Zwiebeln im Schlafzimmer,
was den Nebeneffekt hat, dass das gesamte Zimmer für
Wochen stinkt. Zwiebelsaft, den meine Kinder strikt
verweigern. Feuchte Wäsche im Raum, Eukalyptussalbe,
Zäpfchen, zwanzig verschiedene Säfte, die alle unglaublich teuer sind und sofortige Hilfe versprechen, aber
allesamt nichts nützen und nach drei Wochen entsorgt
werden müssen. Jede Mutter schwört auf etwas anderes.
Doch den sofortigen „Nichtmehrhusteneffekt" erzielt

nichts. Behaupte ich. Doch darf man das nicht überall sagen. Einmal (und nie wieder) hab' ich es gewagt, auf einer Plattform, wo eine Mutter sechzehn Tipps gegen den Husten zum Besten gab, zu äußern, dass man an der Vielzahl der Tipps merke, dass nichts davon wirklich brauchbar sei. Na, da hagelte es böse Worte.

Manche Dinge brauchen einfach Zeit und Geduld, und in Verbindung mit Kindern ist das sogar sehr häufig so.

REITEN ODER TENNIS

Wenn es um meine Kinder geht, fallen mir manche
Entscheidungen nicht leicht. So komme ich im Moment
öfter in Bedrängnis: Meine Große ist schon sieben und
wächst in einem Bezirk auf, in dem das Wort „Leistung"
einen hohen Stellenwert hat. Die Frage: „Kann dein
Kind schon...?" oder die Feststellung: „Mein Kind kann
schon so toll..." kommen quasi mit dem Lauflernalter.
Das Gemeine daran ist, dass es selbst eine Mutter wie
mich, die fernab von jeglichem Leistungsdruck zu
erziehen versucht, nicht kalt lässt, wenn *alle* Kinder
schon Ski fahren können und *alle* Kinder schon eislaufen
und das eigene, dank der mütterlichen und väterlichen
Unfähigkeit, noch nie auf Skiern oder in Schlittschuhen
gestanden ist. Die Lage spitzt sich zu, wenn das Kind
auch endlich reiten oder klettern oder zumindest in
den Vierhundert-Euro-Bastelworkshop gehen will. Da
frage ich mich als Mutter, was wohl noch so alles kommen wird. Ich versuche stets, mit meinen Kindern ein
Nachmittagsprogramm zu gestalten, aber da reichen mir
Spielplatzgehen, Freundetreffen, Basteln und Kekse-
backen aus. Von zwei bis drei Wasserski und von halb
vier bis halb fünf Englisch und von fünf bis sechs Tanzen
überfordert nicht nur meine Kinder, sondern auch mich
in höchstem Maße. Ich würde mich da geradezu als

Taxiunternehmen fühlen. Die Möglichkeiten in einer Großstadt sind beinahe grenzenlos. Ein Instrument? Logisch. Was Körperliches zum Sichaustoben? Tennis, Klettern, Ballett? Auf alle Fälle. Sprachen? Ein Must. Babyschwimmen? Unbedingt. Fünf Mal die Woche und das mal drei Kinder ergibt sehr viel Stress. Vor allem wenn die Kinder unterschiedlichen Alters sind und somit immer eine Stunde auf die Schwester warten müssen. Und das bei jedem Wetter und bei Hunger und Langeweile. Mir wird da schon beim Schreiben schwindlig.

Jetzt überlege ich seit einer Ewigkeit, wie ich diesem Druck, der sich in mir breitmacht, entkommen kann, ohne dass eines meiner Kinder Schaden nimmt, weil es immer hinter den anderen herhinkt. Und das Einzige, was mir dazu ad hoc einfällt, ist: Umziehen! Fragt sich nur, wohin?

SCHÖNHEIT LIEGT IM AUGE DES BETRACHTERS

Mitnichten stimmt es, dass die Mutter das eigene Kind immer am hübschesten findet. Denn es gibt sehr wohl Eltern, die ihr Kind abgöttisch lieben und trotzdem bemerken, dass es Segelohren wie Dumbo hat. Und gerade bei Babys gibt es „hübsch", „schön" und „süß". Süß sind sie alle. Schön sowieso. Hübsch, ja darüber ließe sich diskutieren. Ich hatte eine Freundin, die immer schon alle Kinder, die hübsch waren, besonders liebevoll betrachtete und immer wieder meinte, sie wünsche sich auch so wunderschöne Kinder. Als sie dann ihr eigenes bekam, stieß sie des Öfteren auf seltsame Reaktionen: Wenn sie mit dem Kinderwagen spazieren ging und jemand in den Wagen schaute, brach es aus so manchem mit einem aufgesetzten Lächeln heraus: „Ja, ist die ... groß." Mit 4,20 Kilo Geburtsgewicht gehört man schon eher zu den Schwergewichten. Was sich bei der kleinen Körpergröße von 45 cm natürlich in der Breite niederschlug. Das Mädchen hatte einen riesigen Kopf und dicke Backen, durch die die Augen beinahe ganz versteckt waren. Außerdem hatte das Kind nur ganz wenige Haare, die dafür fast exakt angeordnet in einem Kranz rund um die Ohren. Also süß irgendwie, aber hübsch? Na, Ansichtssache. Als ich eine Woche nach der Geburt

auf Besuch kam, öffnete mir die Mutter die Tür mit den
Worten: „Schreck dich nicht, sie hat Kampfgewicht."

Dafür lächelte sie ein paar Wochen später dieses
unbezahlbare Lächeln, das in einem das Gefühl
wachruft, die Sonne geht auf. Und noch ein paar Monate
später hatte sie sich in ein wunderhübsches, entzückendes Mädchen verwandelt.

Aber Schönheit hin oder her, eines ist klar: Geliebt
wird das eigene Kind immer am meisten, auch wenn es
nicht mit Modelmaßen auf die Welt kommt.

Was Kinder hören

Kinder plappern alles nach, was sie hören. Sie singen deutsche, englische Liedtexte, ohne zu verstehen, worum es geht, und geben sie wieder, so gut sie können. Manche Wörter werden aber auch verdreht und bekommen dann entweder einen völlig anderen oder haben gar keinen Sinn mehr.

So wurde meine Mutter, als ich in die Volksschule ging, in eben diese gebeten, um eine Erklärung abzugeben für eine Aussage, die ich getätigt hatte. Es ging darum, dass ich behauptet hätte, mein Vater arbeite in der alten Nation, denn immer wenn er ans Telefon gehe, hebe er ab mit den Worten: „Alte Nation Dr. Binder." Dass dieser Satz nur in meinen Ohren und durch die schlampig ausgesprochene Mundart so klang und eigentlich hieß: „Ordination Dr. Binder", sorgte noch lange für Gelächter.

Oder lustig war, als meine damals kleine erste Tochter nach Hause kam, wütend über einen Jungen aus dem Kindergarten, und mir empört erzählte: „Der Georg ist gemein, der hat mir heute einen Ball auf den Kopf geschissen." Ja, die deutsche Sprache birgt viele Tücken. Doch der Renner in unserer Familie, bei dem mein Mann in regelmäßigen Abständen einen roten Kopf bekommt, ist, wenn unsere Mittlere eine Liedzeile aus Peter

Alexanders „Der Papa wird's schon richten" umdichtet
und aus „unser" kurzerhand „und sein" macht. Nun
stimmt sie lauthals, so oft es ihr in den Sinn kommt, an:
„Der gute alte Papa UND SEIN bestes Stück" und sorgt
in der U-Bahn, der Straßenbahn und im Kindergarten
für Gelächter.

ICH REDE NICHT MEHR MIT EIN-KIND-ELTERN

Als ein Bekannter von mir diesen Satz von sich gab, war ich zuerst verwirrt und dann erbost. Als ich eine Erklärung einforderte und diese auch bekam, war ich noch verständnisloser und sagte ihm das auch. Man kann doch nicht jemanden aburteilen, je nachdem ob er ein Kind oder fünf Kinder hat. Ein Kind allein hat genauso seine Phasen, die schwierig sind. Kann genauso anstrengend sein. Als ob das ein Wettbewerb wäre! Mein Bekannter erklärte mir, dass es aber doch einen großen Unterschied mache, ob man ein Kind oder zwei hat. Denn wenn eines in der Früh schlafe, bleibe man, wenn es der Job zulasse, liegen. Bei zweien sei meist eines wach. Wenn man eines habe und das spiele gerade, könne man etwas anderes machen, bei zweien werde oft gestritten. Er führte die Liste noch lange fort. Meinen Einwand, das sei doch kindabhängig und außerdem spielten sie zu zweit durchaus oft friedlich miteinander, fegte er mit einer eindeutigen Handbewegung vom Tisch. Er sprach aus eigener Erfahrung. Ich dachte mir leise: Ein Kind ist schon so ein einschneidendes, das Leben völlig veränderndes Ereignis. Man hat ja nie mehr das Leben von zuvor. Ob das nun gut oder schlecht ist. Und Ausschlafen oder Zeit für sich gibt es auch mit einem Kind ganz selten bis nie. Das zweite, so war meine

Meinung, läuft da nur mit. Klarerweise dachte ich das vor dem zweiten Kind.

Nun, es ist tatsächlich so, dass sich mit dem zweiten Kind noch einmal vieles verändert. Hat man Kinder, die vom Alter her nahe beieinander liegen, ist der Anfang oft hart, dafür spielen die Kinder vielleicht später viel zusammen. Oder auch nicht. Sind die Kinder, wie bei mir, relativ weit auseinander, dann funktioniert das am Anfang gut, dafür sind die Interessen bald so unterschiedlich, dass es zu logistischen, organisatorischen und emotionalen Herausforderungen kommt. Durfte die Erste mit zwei Jahren selten Fernsehen und dann auch nur kurz und ganz langsame Dinge, kennt die Zweite in dem Alter bereits alle Barbie-Filme, und zwar in voller Länge. Manchmal streiten sie wochenlang, um nur kurz bevor man selber ein Fall für die Psychiatrie wird, wieder ein Herz und eine Seele zu sein. Ja, es stimmt: Eins plus eins ist nicht zwei. Sondern mehr. Zumindest kommt es einem so vor. Der Ausspruch der Oma einer Freundin kommt mir in den Sinn, dem ich bisher keine Bedeutung beigemessen habe: „Uan Kind isch kuan Kind, zwoa Kinder sein a gonze Stub voll." Und wenn man dann Ein-Kind-Eltern jammern hört, dass sich ihr Kind gerade nicht anziehen lassen will, denkt man als Zwei-Kind-

Mutter: Wie schön, wenn man sich nur mit einem Kind herumärgern muss. Ganz abgesehen davon, dass man ein einziges Kind auch schneller einmal an jemanden abgeben kann. Also revidiere ich meine Meinung und kann nun meinen Bekannten ein wenig verstehen.

Aber es ist eben nicht so, dass man die stressigen Zeiten mit nur einem Kind zu schätzen wüsste und sich sagte: „Na, mit zweien ist es sicher viel schlimmer." Nein, man weiß wie immer, was man hatte, erst wenn es vorbei ist. Da hilft es mir auch nichts, mich in der Gewissheit zu wiegen, dass es bald noch stressiger sein wird und ich daher meine zwei Kröten, wenn sie wieder einmal herumzicken, viel mehr genießen sollte, da ich mich schon in wenigen Wochen glückliche Mutter eines Mädchentriumvirats werde nennen können. Spannend bleibt, ob ich dann noch mit Ein-Kind-, Zwei-Kind- oder irgendwelchen Eltern reden werde oder ob mir dann aus Zeitmangel nur noch Kinder- und Selbstgespräche bleiben.

VERHÜTUNG

Verhütung ist ein Thema, das vor allem nach dem ersten (oder zweiten oder dritten) Kind bei den meisten Paaren eine wesentliche Bedeutung für das Beziehungsleben hat. Manchmal will frau nicht mehr auf die jahrelang geschluckte Pille zurückgreifen und es werden Alternativen in Betracht gezogen. Hormonfrei soll es sein. Das ist schwierig. Etwas wirklich Stressfreies, Unkompliziertes gibt es wohl nicht oder hat sich mir nicht vorgestellt. Mein Mann und ich hatten Gespräche über die richtige Verhütungsmethode vor allem in der Zeit der Schwangerschaft mit dem dritten und definitiv ungeplantesten Kind. Wir verwarfen diverse Mühselig-keiten, Hormone wollte ich nicht, Spirale ging nicht und, und, und. Ich brachte das Thema vorsichtig in Richtung Vasektomie, da mein Mann bereits nach dem zweiten Kind mit hundertprozentiger Sicherheit ausgeschlossen hatte, noch eines zu kriegen. (Klar wussten wir, dass ich die Kinder bekommen hatte.) Tja, er schloss es vielleicht für sich aus, Persona, das Gerät, das für diesen Tag gesagt hatte, dass es unmöglich sei, schwanger zu werden, auch, nur mein Körper offensichtlich nicht. Nun ist das Thema Vasektomie aber ein recht heikles. Denn der Satzanfang: „Was wäre, wenn" bekommt eine ganz neue Bedeutung. Und ich geh' davon aus, dass sie sich eher auf die Überlegung bezieht, was wäre, wenn unsere Beziehung in die Brüche ginge und eine neue Frau in das Leben meines Mannes träte, als darauf, dass er doch noch ein viertes Mädchen in unserem Haus haben möchte. Also: Was wäre, wenn, und das Gefühl meines Mannes, seiner Männlichkeit beraubt zu werden, sind die Störfaktoren einer solchen Operation.

Bei der Frau ist dieser Schritt bekanntlich wesentlich komplizierter, somit fiel er flach. Mein Mann musste sich zuerst mit sich selbst beraten. Und das dauerte. Lange. In der Zwischenzeit wurde das Thema Sexualität auf Eis gelegt. Als ich ihn vor Kurzem wieder einmal darauf ansprach, meinte er, da hätten wir wohl noch Zeit. Die Geburt von Nummer drei sei ja erst in zwei Wochen und dann werde man sehen.

Am Wochenende darauf waren wir bei einem befreundeten Ehepaar eingeladen. Der Hausherr war stolzer Vater von vier Buben und erzählte uns ein paar Anekdoten aus seinem Leben. In einer davon ging es zufällig um das Thema Vasektomie. Er berichtete von den unfassbaren Schmerzen, die diese bei ihm bewirkt hätte.

Gut, nach dieser Erzählung konnte ich das Thema abhaken. Eventuelle Restzweifel wurden endgültig

beiseite geräumt, als der Freund damit fortfuhr, dass
die Wirkung des Eingriffs bei ihm nach acht Jahren nun
nicht mehr ganz sicher sei und er sich einer genaueren
Kontrolle unterziehen müsse. Sicher war es also auch
nicht, somit war diese Art von Verhütung für meinen
Mann endgültig gestorben. Bleibt nur eines: sexuelle
Enthaltsamkeit bis zum Klimakterium. Na, danke.

Zwetschke, Rübe & Erdbeere

SUBTILITÄT

Mein Mann hat manchmal eine subtile Art, bei mir
etwas zu erreichen, die ans Geniale grenzt, und ich weiß
bis heute nicht, ob er sie unbewusst oder absichtlich
einsetzt.

Ein Beispiel: Ich hab meinen Eltern erzählt, dass ich
mir zum Geburtstag für unser Wohnzimmer ein Bild
wünsche. Daraufhin schlug meine Mutter vor, ich solle
doch einmal bei ihnen im Haus einen Streifzug machen
und mir alle Kunstwerke an den Wänden ansehen. Sie
hätten nämlich mehr als genug, und wenn mir etwas
gefiele, dürfe ich es haben. Beim nächsten Besuch
startete ich zur Vorauswahl und ging von Zimmer zu
Zimmer (und deren haben meine Eltern viele) und begutachtete die Werke. Es gab ein paar Tabus (die Lieblinge
der Eltern), sonst durfte ich frei wählen. Da das Bild ja
im gemeinsamen Wohnzimmer hängen sollte, bezog
ich meinen Mann in meine Überlegungen mit ein. Was
sich als schwierig erwies, denn wie bei vielen anderen
Dingen hatten wir auch hier nicht gerade den gleichen
Geschmack. Gar nicht, wenn man es genau nahm.
Alles, was mir gefiel, erntete ein missmutiges Röcheln,
alles, was ihm gefiel, verdiente in meinen Augen die
Bezeichnung „Kunstwerk" nicht einmal im Ansatz. Mein
Mann deutete auf ein besonders düsteres Bild, das meine

Mutter mit den Worten kommentierte: „Das gebe ich
ungern her, das hat ein Künstler im KZ gemalt." Damit
fiel das Bild für mich weg. Ich hatte gerade Kind drei zur
Welt gebracht, war sehr leicht erschütterbar und extrem
harmoniebedürftig und wollte nur von positiven und
schönen Dingen umgeben sein.

Das wusste mein Mann, als ich ihm meinen absoluten
Favoriten zeigte. Ein riesengroßes Bild mit einer mit
geschlossenen Augen und leicht geöffneter Bluse am
Wasser liegenden Gänsemagd, die von Gänsen umringt
war. Er ließ es kurz auf sich wirken und sagte dann:
„Ja, das ist gut. Erinnert mich an das Video von Nick
Cave und Kylie Minogue. Wo sie die schöne Frau spielt,
die eine singende Wasserleiche darstellt." Ich sah
noch einmal genauer hin. Und: Er hatte recht. Es sah
tatsächlich ein wenig aus wie die Szene in dem Video.
Nach dieser Assoziation war das Bild natürlich völlig
indiskutabel für mich. Ich wollte nicht nur schöne Dinge
an der Wand hängen haben, sondern vor allem Bilder
von *lebendigen* Menschen. Ich meinte daraufhin, dass es
mir jetzt eigentlich nicht mehr gefalle. Und es nicht mehr
in Frage komme.

Als mein Mann nach einer Weile den Raum verließ,
umspielte ein leichtes Lächeln seine Lippen. Wütend rief

ich ihm nach: „Du hättest mir einfach sagen können, dass es dir nicht gefällt." Er rief zurück: „Das hätte aber nichts gebraahhacht." Womit er vermutlich schon wieder recht hatte.

Subtilität

STILLDEMENZ

Angeblich gibt es so etwas wie eine Stilldemenz. Mir persönlich ist das bei den ersten beiden Kindern nicht aufgefallen und mein Umfeld hat mich möglicherweise geschont und mich nicht darauf hingewiesen, dass ich viele Dinge verstrudelt habe. Beim dritten Mädchen bemerkte aber sogar ich die vielen Ungereimtheiten in meinem Alltag. Diese Mischung aus nicht schlafen, viel stillen und noch zwei weiteren Kindern war ausschlaggebend für akute Vergesslichkeit und zunehmende Verwirrtheit.

Einmal etwa rief mich um 10 Uhr eine Freundin an und fragte, wo ich denn stecke. Ich hatte komplett vergessen, dass wir ausgemacht hatten, uns genau um diese Uhrzeit im Kaffeehaus zu treffen. Noch dazu hatten wir es um 8.30 Uhr desselben Morgens vereinbart.

Ich war konfus und konnte mich manchmal nach Beendigung eines Telefongesprächs nicht einmal mehr erinnern, mit wem ich gerade geredet hatte. Ich legte Batterien in den Kühlschrank (immerhin blieben sie frisch), bunkerte Salat in der Abstellkammer oder wollte für die Kinder Morgentee machen, doch kam ich nie über das Wasserkochen hinaus. Ich legte die Windel neben das Kind und wunderte mich später, dass das Bett nass war. Ich verwechselte Namen, und das bei Personen, die schon seit Längerem zu meinem engen Bekanntenkreis gehörten.

Mein Mann genoss diese Zeit, denn er war immer so. Er suchte ständig seine Sachen, die er dann an den unvorstellbarsten Stellen wiederfand. Nur: Jetzt konnte er *mich* dafür verantwortlich machen. Ich konnte nämlich beispielsweise nicht mit Sicherheit sagen, dass nicht ich seine Kappe auf den Badewannenrand zu den Seifen gelegt hatte oder sein Handy in den Kinderwagen. Aus der sehr strukturiert denkenden und bestens organisierten Frau war ein Chaotenbündel geworden, das schon froh war, wenn es beim Verlassen des Hauses an die Windeln und die Feuchttücher für das Neugeborene gedacht hatte. Ich hoffte inständig, dass dieser Zustand nur kurz anhielte und ich bald wieder mein früheres Ich zurückerlangen würde.

Meine größere Tochter half mir, wo es ging. Da sie aber wie ihr Vater die Kunst beherrschte, vor gesuchten Dingen zu stehen, hindurchzusehen und zu schreien: „Hier ist es nicht", war die Hilfe eher mäßiger Natur. Ich verbrachte viel Zeit mit Suchen und Nachdenken darüber, was ich denn gerade suchte.

Den Höhepunkt aber fand das ganze Treiben darin, dass ich einmal mit Sack und Pack mit den Kindern das

Haus verließ und eine Gasse weiter bemerkte, dass der
Kinderwagen leer war. Kommentarlos schleifte ich die
zwei größeren Mädchen in die Wohnung zurück, um das
Baby zu holen, nur um draufzukommen, dass ich das
Baby im Tragesack umgehängt unter meiner Winterjacke
natürlich mitgenommen hatte.

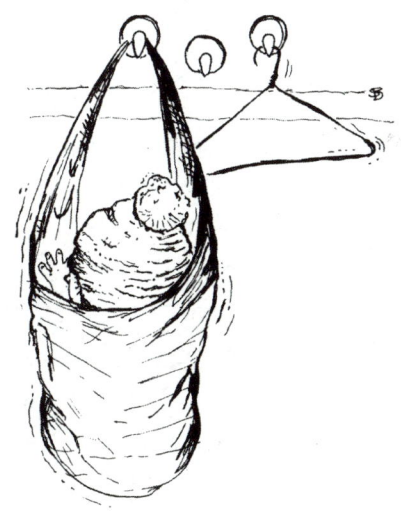

Vorstellungen und Ansichten

Keine Frau hat eine Vorstellung, wie eine Geburt abläuft,
bevor sie selbst eine durchgemacht hat. Und auch dann
gibt es unzählige andere Möglichkeiten, ein Kind zu
gebären. Ich hab' beispielsweise meine zweite Kleine im
Lift bekommen. Das hab' ich mir klarerweise vorher kein
einziges Mal ausgemalt. Auch die Spitäler und ihr Angebot
könnten unterschiedlicher nicht sein. Von Wassergeburt
und Hecheln im Einklang mit dem Partner über Düfte
und Kräuter bis hin zu sterilem Ambiente reicht die
Bandbreite. Es gibt Spitäler, die aus der Plazenta homöo-
pathische Kügelchen fabrizieren, und andere gewinnen
Stammzellen durch das Nabelschnurblut. Dass man als
Frau mit den Herangehensweisen mitunter nichts anfangen kann, bewies meine liebe Freundin aus Südtirol.

Sie plante drei Jahre nach der Geburt ihrer Tochter mit
ihrem Mann und dem Kind einen längeren Aufenthalt in
Australien. Aus diesem Grund räumten wir ihre Wohnung
und somit auch ihre Gefriertruhe leer. Während ich ein
besonders großes Stück Fleisch, das die Struktur einer
übergroßen Leber hatte, begutachtete, fragte ich sie,
bevor ich das Stück in einem Kübel entsorgte, worum es
sich denn dabei handle. Die Freundin wurde ein wenig
rot, lächelte zaghaft und antwortete: „Ja, das ist meine
Plazenta." Erschrocken ließ ich das harte Teil fallen und

schaute sie entsetzt an. Sie zuckte mit den Schultern und meinte beinahe entschuldigend: „In dem alternativen Spital, in dem ich meine Tochter entbunden habe, sagten sie mir, dass ich die unmöglich wegschmeißen könne. Es handle sich dabei um einen Teil des Kindes, den Lebensteil, und ich müsse die Plazenta mindestens in einem Garten vergraben und einen Baum darauf pflanzen." Dann wurde ihr Lächeln breiter und sie setzte hinzu: „Nur, ich hab' keinen Garten und der Balkon ist zu klein. Wegschmeißen hab' ich mich nicht getraut, darum hab' ich sie in meiner Not eingefroren." Nun landete dieser Teil der Geburt, nach reiflicher Überlegung, ob es das Gewissen denn nun zuließe, doch auf dem Müll, nachdem er drei Jahre tiefgefroren sein Dasein gefristet hatte.

Ich sag' ja: Nicht jeder kann mit den Ansichten anderer etwas anfangen.

Erst wollen sie nicht raus, dann nicht heim

Es ist immer das Gleiche mit meinen Kindern. Wenn ich
etwas mit ihnen unternehmen will, und es ist a) etwas
Neues, Unbekanntes, das nichts mit Glitzer zu tun hat,
oder b) etwas nicht zu hundert Prozent Beliebtes oder c) sie
sind gerade in ein Spiel vertieft und es ist draußen richtig
kalt oder heiß, dann habe ich es wirklich nicht leicht. Ich
muss wechselweise bei der einen und der anderen meine
größten Überredungskünste walten lassen, um sie auch nur
in die Nähe ihrer Schuhe zu bekommen. Ich will rodeln,
aber meine Kinder hassen leider gerade an diesem Tag
die Handschuhe oder die zwickende Strumpfhose. Die
nervende Mama. Sie wollen lieber spielen, zeichnen oder
den Brief zu Ende schreiben. Ich möchte auf den Spielplatz,
sie haben keine Zeit, müssen erst die Elsa-Barbie vor dem
Untergang retten oder das Hörspiel zu Ende hören. Wenige
Aktivitäten sind so attraktiv, dass sie sich sofort in Schale
werfen. Dann, mit stundenlanger Verzögerung, trudel' ich
doch noch mit zwei oder zumindest einem nörgelnden
Kind auf dem Spielplatz, am Rodelberg oder sonst wo ein.
Sofort nach Ankunft ändert sich die Stimmung. Es wird
angefangen zu spielen, zu laufen, Freunde zu begrüßen
und Spaß zu haben. Ich schnaufe tief durch und habe
meistens (bis auf ein paar kleine Verletzungsdramen) ein,
zwei entspannte Stunden. Irgendwann aber bekomme ich
ein wenig Stress, weil ich weiß, jetzt sollten wir dann den

Heimweg antreten, um rechtzeitig nach Hause zu kommen und alles unter einen Hut zu kriegen: Kochen, Essen, Baden, Fernsehen, Lesen. Pannen oder zeitverzögernde Problemchen wie dringenden Durst und kein Wasser mehr oder dringend Klo nicht eingerechnet. Also schreie ich in das muntere Treiben: „In fünf Minuten gehen wir!" Worauf ich zuerst einmal keine Antwort erhalte. Ich versuche es eine Oktave schriller und lauter. Dann bekomme ich eine Antwort. Meist eine patzige von Kind groß. Kind mittel ignoriert mich noch immer. Als ich dann verzweifelt ein „Wir gehen!" herausbrülle, maulen beide und es dauert noch lange, bis ich die jammernden Mädchen zum Heimgehen bewegt habe.

Verstehe einer dieses ewige Schimpfen beim Rausgehen, weil sie nicht wollen, und das ewige Nörgeln beim Heimgehen, weil sie das jetzt auch nicht wollen. Das kenn' ich mir nicht. Dafür von meinem Mann. Jedwede Aktivität wird erst einmal abgelehnt. Dann, nach langem Bearbeiten meinerseits, bewegt er sich widerwilligst auf die Veranstaltung meiner Wahl. Treffen wir dort dann auf nette Leute oder Bekannte, ist er aber nicht zu bremsen. Er redet, lacht, scherzt und ist absolut nicht zum Heimgehen zu bewegen und ignoriert mein „Schatz, wir müssen jetzt aber wirklich" mit der gleichen Beharrlichkeit wie die Kinder.

KINDERHÜTERIN

Eine Kinderhüterin oder einen Babysitter zu finden
war für mich nicht einfach. Zuallererst hatte ich beim
ersten Kind meine Zweifel, ob ich mich überhaupt traue,
die Wohnung zu verlassen und sie einem fast fremden
Menschen anzuvertrauen (gut, manche finden, meine
Mutter ist jetzt nicht so wirklich fremd). Dieser Umstand
änderte sich zwar mit dem zunehmenden Alter von
Zwetschke und auch mit der steigenden Anzahl der
Kinder, doch entpuppte es sich für mich als schwierig,
jemand Passenden zu finden. Entweder hatte ich beson-
deres Pech oder aber jeder x-beliebige Mensch gibt vor,
gut mit Kindern zu können.

Das erste Mädchen, mit dem ich es versuchte, war
achtzehn Jahre alt und angeblich sehr interessiert an
Kindern. Als sie das erste Mal mit meinem *einen* Kind
alleine war, setzte sie es die vollen vier Stunden vor den
Fernseher, um auf Facebook nichts zu versäumen, und
übersah erstens den Umstand, dass mein Kind plötzlich
circa vierzig Grad Fieber hatte, da ein Infekt ausgebro-
chen war, und zweitens, dass sie das kleine Mädchen
irgendwann vor den Nachrichten geparkt hatte. Auf
meine Frage, seit wann Zwetschke denn schon Fieber
hatte, kam ein lapidares: „So genau kann ich das nicht
sagen, ich hab' nicht die ganze Zeit aufgepasst." Ja, das

erwartet man auch nicht von einer gut bezahlten Baby-
sitterin, dass sie auf eine Dreijährige ständig schaut. Wo
sie in dem Alter doch schon so selbstständig sind.

Bei Kinderhüterin Nummer zwei ging es besser. Sie
war verantwortungsbewusst, zweiundzwanzig Jahre alt,
hatte selbst noch keine Kinder, aber sehr viel Erfahrung.
Ihren Aussagen nach so viel, dass sie eigentlich alles
wusste, was es bei Kindern zu wissen gab. Mich nervte
einzig der Umstand, dass sie a) wenn ich nach Hause
kam, mir ständig Ratschläge gab, was ich alles anders
machen sollte, und b) schwer beleidigt reagierte, wenn
ich den guten Tipps nicht nachkam. Als sie dann anfing,
meine Möbel umzurücken, da das Kinderbett nicht
in der richtigen Feng-Shui-Ecke stand, war es bei mir
vorbei.

Nummer drei fand es völlig in Ordnung, dass Kinder
gerne planschen, und setzte regelmäßig die Wohnung
unter Wasser.

Ich ließ es dann mit der Kinderhütung bleiben, bis
Kind Nummer zwei ein Jahr alt war. Da begann ich
stundenweise zu arbeiten und fand eine nette Person,
die Kinder sehr gern hatte. Nur durchsetzen konnte
sie sich nicht. Als ich sie einmal bat, mir meine kleine
Tochter beim Zahnarzt vorbeizubringen, erschien

diese bei vierzig Grad mit hochrotem Gesicht, weil mit langärmligem Hello-Kitty-Regenmantel, Gummistiefeln und einer Wollhaube bekleidet. Auf meine Frage, warum das Kind dermaßen unpassend angezogen sei, meinte das Mädchen: „Sie wollte das unbedingt anziehen und nicht mehr ausziehen." Gut. Sie wollte zum damaligen Zeitpunkt auch nur Schokolade essen und trotzdem ließ ich das nicht zu. Man muss sich doch auch durchsetzen. (Obwohl ich mir hier natürlich widerspreche. Immerhin handelte es sich um das Kind, das ich ein Jahr später mit Krone, Haarreifen und Schuhen schlafen ließ, weil es noch sturer war als ich.) Das war aber nicht der Hauptgrund, warum dieses Kindermädchen nicht mehr gebucht wurde. Der eigentliche Grund war, dass mein Kind sie so gar nicht mochte. Das war vorher noch nie vorgekommen und tat es danach auch nicht. Aber diese Person konnte sie so wenig leiden, dass sie schon eine Stunde, bevor sie kam, nur mehr weinte.

Ich wollte es noch einmal probieren. Ein allerletztes Mal. Als ich bei meinem Friseur saß, machte mir ein entzückendes Wesen die Haare. Hübsch, freundlich und so kinderlieb, dass meine Große am liebsten dort geblieben wäre. Also fragte ich sie, ob sie nicht hin und wieder auf meine Kinder aufpassen wolle. Sie wollte und kam von nun an immer wieder einmal zu uns und meine Kinder liebten sie vom ersten Moment an. Hätte ich das Geld, ich würde sie einstellen. Und würde mich jemand fragen, ob ich ihre Telefonnummer hergebe, dann hätte ich sie leider an dem Tag verloren. Denn niemals und nie würde ich ihren Namen preisgeben und sie mir abspenstig machen lassen. Diese beste Kinderhüterin von allen gehört nur mir. Und meinen Kindern.

DER MISTSACK VOR DER TÜR

„Was macht der Mistsack vor der Tür?" Eine Frage, die wohl ausschließlich Männer stellen können. Und wenn ich auf diese Frage keine Antwort gebe, weil mir nur: „Der will in den Urlaub fahren und wartet auf sein Taxi" in den Sinn käme, schüttelt mein Mann den Kopf, steigt umständlich darüber, damit der Sack nicht umfällt, und geht zur Arbeit. „Klar, Schatz, nehm' ich den Mist dann mit, wenn ich das Baby im Wagerl hab', die Große angezogen ist, um in die Schule gebracht zu werden, und wir alle darauf warten, dass sich Rübe *alleine*, wie sie es verlangt, fertig gemacht hat. Es kann sich dabei zwar um Stunden handeln, die wir nicht haben, aber egal, ich mach' das schon." Ich weiß nicht, ob ich in den letzten Jahren andere Erwartungen entwickelt habe oder ob ich eine andere Sprache spreche, aber manchmal fühl' ich mich fast ein wenig gefrotzelt. Das liegt vermutlich an mir. Doch, wenn mein Mann nach einem zugegebenermaßen anstrengenden Arbeitstag nach Hause kommt, die Füße hochlegt und mir von der Couch aus zuruft: „Schon dich, Schatz. Mach das doch später", dann kann ich nur ärgerlich den Kopf schütteln. Wenn ich dann noch die Tatsache berücksichtige, dass ich drei Tage davor unser drittes Kind zur Welt gebracht habe, wird das Schütteln so heftig, dass ich aufpassen muss, dass der Kopf nicht wegfliegt. Aber: Mein Mann meint das nicht böse, er meint es ernst. Er sieht mich herumrennen, Wäsche aufhängen, Geschirrspüler ausräumen, mit den Kindern spielen, mit den Kindern aufräumen und ermahnt mich immer wieder, dass ich mich nicht genügend schone. Dass sich diese Dinge nicht von selbst erledigen und ich, befolgte ich seinen Rat, am nächsten Tag doppelt so viel machen müsste, ist ein Umstand, den er ignoriert. Auch dass Hausarbeit einen wiederkehrenden Prozess darstellt und nicht mit einem Mal für alle Zeit erledigt ist, schockiert ihn immer aufs Neue. Mein Plan, um mich wirklich ab und zu zu schonen: mir jemanden von außen holen, der dann zumindest manchmal die ungeliebten Dinge erledigt, damit ich zu den wirklich wichtigen komme. Wie Fotoalben erstellen oder Kinderkleider aussortieren. Klingt doch toll.

INDIVIDUALISTEN

Jedes Kind und jeder Mensch ist individuell. Meine Kinder sind individuell *und* speziell. Vor allem als das dritte Mädchen, die kleine Erdbeere, auf die Welt kam, entwickelten meine beiden anderen Kinder ein paar Marotten. Klein Rübe zum Beispiel hatte auf einmal Angst, dass ihr jemand etwas wegnehmen könnte, während sie schlief. Wir, die verständnisvollen Eltern, die nicht wollten, dass die Kleine aufgrund der Geburt ihrer Schwester ein Trauma entwickelte, gingen, so gut wie möglich, darauf ein. Ihre Angst äußerte sich vor allem darin, dass sie ihre gesamten Besitztümer in der Wohnung überall mit sich herumtrug. Zuerst waren es nur die Lieblingsplüschtiere. Dann bastelte sie mit mir gemeinsam aus einer riesigen Schachtel ein Boot. Da kamen weitere Tiere und auch Kram dazu. Vor allem aber ihre Schuhe. Wir schleiften alle Sachen ins jeweilige Zimmer ihres Aufenthalts. Sie wollte auch nur noch mit ihren Lieblingshausschuhen an den Füßen schlafen, denn sonst könnte sie jemand wegtragen. Und mit dem Lieblingshaarreifen auf dem Kopf und mit dem Lieblingsbuch im Arm und mit den Lieblingskuscheltieren rund um sie. Mit allen neunundzwanzig. Und ihren Armbändern. Als dann auch ihre Lieblingsbarbies dazukamen, setzten wir ein Stopp und bastelten ein neues Boot, das am Fußende des Bettes stehen durfte.

Nun war es aber so, dass Rübe vor der Geburt von Nummer drei noch nie eine Nacht ohne Mama gewesen war. Und dann gleich drei. Darum wachte unsere bis dahin beste Schläferin in der Nacht öfter auf, rief, ob die Mama eh da sei, und wanderte ins elterliche Bett. Mit allen Habseligkeiten. Und wehe, sie hatte etwas vergessen, denn es wurde natürlich vor dem Weiterschlafen kontrolliert, ob der Haarreifen noch saß, die Schuhe wieder an den Füßen waren (die wir ihr in der Zwischenzeit ausgezogen hatten) und alle plüschigen Freunde rund um sie lagen. Meine große Tochter hatte es sich zu der Zeit bereits angewöhnt (oder wir sie sich angewöhnen lassen), dass sie bei uns schlief, also wurde ihr Bett ans elterliche gestellt. So schliefen wir alle in einem Raum mit wenig Platz und viel Klumpert im Bett. Denn auch Kind eins, Zwetschke, brauchte mittlerweile Glückssteine zum Einschlafen. Wir waren gespannt, wie lange die Phase bei den beiden andauern würde und wie lange wir durchhielten, bis wir die Situation ernsthaft zu ändern versuchen würden. Vorsichtshalber übersiedelte ich mit dem Baby auf unbestimmte Zeit ins Gästezimmer. Bei diesem Schlafchaos, das erstaunlich gut funktionierte

(alle schliefen zumindest nicht schlechter als vorher),
war für mich persönlich die Krönung, dass mein Mann,
als er die Kinder hatte ins Bett bringen müssen, weil ich
im Krankenhaus war, ihnen ein sehr eigenes Schlaflied
beigebracht hatte, ohne das sie sich nun weigerten zu
schlafen. Also sang ich neuerdings zum Einschlafen circa
zwanzig Mal: „Ein belegtes Brot mit Schinken! Schinken!
Ein belegtes Brot mit Ei! Ei! Das macht zwei belegte
Brote, eins mit Schinken und eins mit Ei. Und dazu
eisgekühltes Coca-Cola! Cola…"

Individualisten

Unpassende Momente

Unpassende Momente erlebt man mit Kindern viele.
Natürlich ist das alles subjektiv. Aber auch objektiv, von
außen wirkt es nicht gerade entspannt und daher für
die Mutter sicherlich „unpassend", wenn sie vollgepackt
an der Supermarktkassa steht, der jüngste Spross im
Wagerl sich die Seele aus dem Leib brüllt, die Größte
ständig fragt, ob sie einen Kaugummi haben darf, und
die Mittlere freudestrahlend ruft: „Ich muss Lulu." Was
an sich toll ist, weil sie es erst seit drei Tagen ankündigt,
nur muss dann in der Sekunde ein Klo her, sonst ist
das Malheur passiert. Und das heißt im Winter, tausend Schichten aus und an. Es gibt sogar Mütter, die
deshalb die ganze Sauberwerdeaktion auf den Sommer
verschieben. Nur, was hätte ich machen sollen, wenn
meine Tochter genau im November anfängt zu weinen,
wenn ich ihr eine Windel anziehe, weil sie schon aufs Klo
gehen will?

Unpassend war auch der Moment, als ich mit meinem
Neugeborenen das erste Mal im Tragetuch spazieren war
und es in die Windel gekracht hat, dass alles beim Hals
oben wieder herauskam. Wie schafft man denn so was?
Nicht der Rede wert, dass ich weit weg von zu Hause
war und keine Ersatzkleidung mithatte. Meine Kleinste

empfand das Ganze als sehr unangenehm und weinte bis daheim.

Am Abend solcher Tage, wenn dann alle drei Engel im Bett liegen und ich ihnen noch kurz beim Schlafen zuschaue, bricht dann aber eine Liebeswelle auf mich hernieder und ich finde, es gibt nicht Besseres als Kinder. Gut, eine Stunde später, wenn ich dann gerade ein Auge zugemacht habe und das erste Kind „Mama" schreit, bin ich schon weniger euphorisch. Wenn zwei Stunden später die Größte aufs Klo muss und partout jemanden braucht, der mitgeht, flacht die Liebeswelle noch etwas mehr ab. Wenn dann das Baby bis zum Morgen in seinem gewohnten 1,5-Stunden-Rhythmus nach Nahrung verlangt, bin ich viel zu müde für

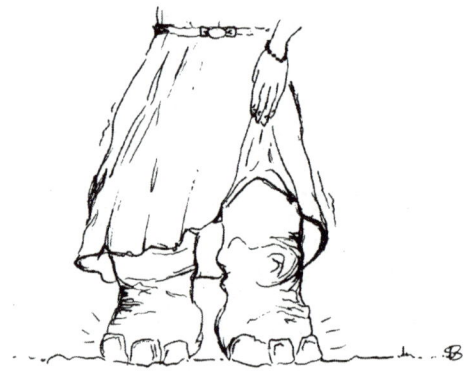

Unpassende Momente

irgendwelche Wellen und falle in den Zwischenzeiten in komaartigen Tiefschlaf.

Aber auch unter Erwachsenen gibt es meiner Meinung nach unpassende Momente oder besser gesagt unpassende Aussagen. Zum Beispiel: Als ich in der Schwangerschaft von Wasseransammlungen geplagt auf meine zu Elefantenfüßen angeschwollenen Knöchel blickte und feststellte: „Mir kommt vor, sie werden wieder etwas dünner", schaute mein Mann ebenfalls auf meine Füße, schüttelte den Kopf und meinte: „Nein, du gewöhnst dich nur schon an den Anblick." Na, so viel Ehrlichkeit braucht es dann auch wieder nicht.

WÄSCHE

So uninteressant dieses Thema auch klingen mag, es ist
so präsent im Hausfrauen- und Mutterdasein, dass es
unbedingt Erwähnung finden muss. Ich wasche täglich,
manchmal auch mehrmals am Tag, nur um am Abend festzustellen, dass der Wäschekorb nicht leer ist. Früher hatte
ich vielleicht zwei Trommeln in der Woche, diese ganze
Wäschegeschichte lief nebenbei. Mittlerweile werde ich
schon grantig, wenn ich nur die Abstellkammertür mit der
Waschmaschine sehe. Denn ich habe ein großes Mädchen,
eine kleine Prinzessin, die permanent neue Outfits ausprobiert und anschließend alles in den Wäschekorb schmeißt.
Eine Mittlere, die sich liebend gerne im Gebüsch auf den
Knien herumtreibt, und ein spuckendes Baby, das ich sicher
an die sechs Mal täglich umziehe. Einen Mann, der nicht
nur groß ist, sondern auch Wäsche an den unmöglichsten
Stellen bunkert. Wenn ich nach getaner Arbeit am Abend
zufrieden am manchmal doch leeren Wäschekorb vorbei-
schlendere, kommt er nach Hause und stopft ein Handtuch
vom Trainieren, zwei T-Shirts, eine Trainingshose und
eine Kapuzenjacke in XXL mit einem Achselzucken in die
Waschmaschine. Grauenhaft riechendes Zeugs, das eine
Woche im Auto gelegen ist und den Weg in die Schmutz-
wäsche nicht gefunden hat. Auch dieses ständige Herumliegen von Kleidung macht mich rasend. Hundert Mal

schaffe ich es, sie ohne blöde Meldung aufzuheben und in
den passenden Kasten zu schlichten oder zu waschen. Ich
ernte dafür aber sicher keinen Dank, im Gegenteil, ständig
bin ich schuld daran, wenn etwas nicht dort zu finden ist,
wo es hingehört. Einmal hob ich eine Batman-Unterhose,
die im Wohnzimmer auf dem Boden lag, auf und fragte
meinen Mann genervt, wo ich sie hingeben soll. Er antwortete süffisant: „Gib sie doch dorthin, wo du meinst, dass
sie hingehört." Ich öffnete wortlos das Fenster und schmiss
das Teil hinunter auf die Straße. Anschließend tat ich, als
sei nichts geschehen, und räumte weiter auf. Die Unterhose
lag längere Zeit unten, irgendwann hat sie mein Mann wohl
doch geholt und möglicherweise entsorgt. Auf alle Fälle
hab' ich sie schon lange nicht mehr gesehen. Gebracht hat
diese Aktion insofern etwas, als dass mein damals einziges
Kind begann seine Jacke aufzuhängen. Der Kindergarten-
pädagogin erklärte das Mädchen diesen Sinneswandel so:
„Ich hänge lieber in Zukunft alles auf, sonst schmeißt es die
Mama aus dem Fenster."

ENKELKINDER ADE

„Ich will, wenn ich groß bin, keine Kinder", verkündete meine geliebte Zwetschke unlängst. Auf mein dezentes Nachfragen, warum das so sei, entgegnete sie lapidar: „Kinder sind mir zu anstrengend." Ich wollte gerade nachhaken, ob sie sich im Moment von ihren beiden Schwestern etwas genervt fühle, als sie von sich aus anfügte: „Man kommt ja anscheinend zu nichts mehr. Denn meine Sternenhose wolltest du schon vor drei Tagen waschen und du sagst immer: ‚Seit ich drei Kinder habe, komme ich zu nichts.' Und ich will Zeit für wichtige Dinge haben." Oje. Eigentor. Natürlich war das so in etwa von mir. Genaugenommen war das sogar exakt die Aussage, die ich schon mehrmals getätigt hatte. Sogar oft, aber diese Reaktion hatte ich nicht erwartet. Da wollte Zwetschke wieder einmal ordentlich gekuschelt und geherzt werden und brauchte eine Bestätigung dafür, dass Kinder zwar anstrengend sein können (vor allem natürlich ihre kleinen Schwestern), aber das schönste Geschenk auf der Welt sind. Und dass es nichts Vergleichbares gibt und ich nie und nicht in tausend Jahren mit jemandem tauschen möchte, der viel Zeit hat. Sie war besänftigt und wollte sich das mit den Kindern noch einmal durch den Kopf gehen lassen. Sie habe ja genügend Zeit. Ja, ich hoffe doch, am liebsten noch zwanzig Jahre, wenn nicht mehr.

Ein paar Tage nach diesem Gespräch erzählte mir eine Freundin ebenfalls eine Geschichte zum Thema Enkelkinder. Ihre Tochter war verärgert von der Vorschule nach Hause gekommen und hatte ihr mit grimmiger Miene erzählt, wie gemein die Buben in ihrer Klasse waren. So hatte sie beschlossen, nie, aber auch wirklich niemals einen Buben zu heiraten. Außerdem hatte sie sowieso schon mit ihrer besten Freundin ausgemacht, dass sie mit ihr den Bund der Ehe eingehen werde. Als dies meine Freundin kommentieren wollte, fuchtelte ihre Tochter schon abwehrend mit den Händen: „Ja, Mami, ich weiß, wir haben das vor Kurzem besprochen, dass Frau und Frau keine Kinder kriegen können. Aber das macht gar nichts, denn meine Freundin und ich wollen sowieso lieber ein Pferd." Na bitte. Enkelkinder versus Pferd. Was für eine Auswahl.

HAUSTIERE

Das Haustierthema ist ein leidiges. Diskussionen über die Anschaffung von Hund, Katze, Meerschweinchen, Fischen sind mit Kindern vorprogrammiert. Ich glaube, ich würde mich erweichen lassen, ein Tierchen, das die Größe eines Handtellers hat, ins Haus zu holen. Mein Mann nicht. Er ist der Böse, ich bin aus dem Schneider. Das hindert meine Mädchen nicht daran, das Thema in mehr oder weniger regelmäßigen Abständen aufflammen zu lassen. Unsere Meinung könnte sich ja geändert haben oder man könnte eine gute Stunde erwischen.

Unlängst saß ich mit meiner Südtiroler Freundin und unseren fünf Kindern bei McDonald's. Ihre Kinder waren mit meinen in eine angeregte Diskussion darüber vertieft, welches Haustier das beste sei. Pferde wollten sie alle, Hunde auch. Der Einwand meiner Freundin, dass sich aber auch jemand um das Tier und vor allem um seine Ausscheidungen kümmern müsse, sorgte für Schweigen. Sie betonte, dass man als Pferdebesitzer den Stall ausmisten und als Hundebesitzer auch bei Regen raus müsse. Die Kinder waren ruhig, vor allem die Älteren schienen konzentriert nachzudenken, bis eine von den Großen die ersehnte Lösung hatte. Ihr Gesicht erhellte sich und sie rief freudestrahlend in die Runde: „Ich will ein Tier, das kein Lulu und kein Gacki macht."

Na bitte, so einfach war das. „Ist gut", antwortete meine liebe Freundin, „dann bekommst du einen Schwamm." Ich brüllte los vor Lachen. Das wäre doch ein genügsames Haustier! Noch besser war aber die Tatsache, dass ich am Abend dank Google entdeckte, dass der Schwamm ja tatsächlich zu den Tieren gehörte und nur ich das nicht gewusst hatte.

ORDNUNG HALTEN

Ich bin ein sehr ordnungsliebender Mensch. Und die Frage meines Mannes: „Ist es bei dir immer so steril?", als er zum ersten Mal in meiner Wohnung war, lässt zudem auf einen ausgeprägten Reinlichkeitssinn schließen. Aber Ordnung halten mit Kind ist dann doch ein anderes Thema. Vor allem mit Kindern. Da war es auch nie sehr hilfreich, dass mein Mann, immer wenn ich den Appell zur Ordnung ausrief, zu unserer Erstgeborenen und gleichzeitig zu mir sagte: „Meine Tochter muss nicht aufräumen, das muss sie im späteren Leben noch genug." Dass sie damit den Freibrief hatte, immer alles herumliegen zu lassen, war klar. Dass dahinter der heimliche Wunsch meines Mannes steckte, nichts mehr wegräumen zu müssen, auch. So lebten beide ihre Schlamperei aus und ich hatte keine Chance. Die Ordentlichere (in dem Fall ich) verliert immer bei diesem Kampf. Denn irgendwann stört es mich so sehr, dass ich meinen Vorsatz: „Ich lass' euch alles liegen" nicht mehr einhalten kann. Dass es meinem Mann mittlerweile auch auf die Nerven geht, wenn sich die ganze Wohnung innerhalb weniger Minuten in ein großes Kinderzimmer verwandelt hat, gibt er zumindest zu. Bei der zweiten Tochter übte ich von Anbeginn, was zur Folge hatte, dass sie heute noch einmal zurück ins Vorzimmer geht, wenn

Ordnung halten

ihre Schuhe nicht parallel gestanden sind. Auch nicht gut. Das beschert mir vermutlich etliche Euros beim Therapeuten, der die Mutter für die Zwangsneurose oder den übersteigerten Ordnungssinn verantwortlich macht. Aber ich kann ihr versichern, der Zwang bessert sich. Sie muss nur viele Kinder kriegen. Denn hielt ich bei Zwetschke noch alles beisammen und war in Kategorien geordnet wie: Playmobil, Kleinteile hier, Lego dort, Tiere in eine Schachtel, Puppen in eine weitere, änderte sich das beim zweiten Kind schleichend – und schlagartig noch einmal beim dritten. Es gab nur mehr Kisten-systeme: Alles kommt in Riesenschachteln und liegt wenigstens nicht herum. Ich muss mich auch immer wieder neu entscheiden: Die Kinder sind nicht zu Hause, aufräumen oder lesen? Und mittlerweile hält es sich die Waage. Aber Tendenz steigend in Richtung ausruhen. Ich schätze, sobald das dritte Kind anfängt alles auszu-räumen, hab' ich den Dreh raus und wate eben entspannt durch knöchelhohes Zeugs, bevor ich zu meinem Buch gelange, um damit die freien Minuten zu verbringen.

Ordnung halten

Das Zeitgefühl

Es gibt noch etwas, das sich wesentlich verändert, sobald Kinder auf der Welt sind. Das Zeitgefühl. Vor allem mit kleinen Kindern verändern sich die Logistik, die Organisation und das Empfinden für Zeit. In den eigenen vier Wänden an einem regnerischen Tag kommen einem drei Nachmittagsstunden mit Kindern oft vor wie eine kleine Ewigkeit. Ein Kind allein ist meist so gelangweilt, dass es einen Animator braucht. Bei zweien sind die Zwischendurchstreitereien sehr nervenaufreibend und ab dreien ist vorprogrammiert, dass man ständig hinter mindestens einem herräumt. Klar hört das auf, wenn sie ungefähr dreizehn sind und die Eltern so uncool, dass man am liebsten im eigenen Zimmer hockt und stundenlang mit Freundinnen, die man gerade erst gesehen hat, telefoniert. Das weiß ich noch aus meiner Zeit, als ich das Telefon stundenlang für alle anderen in der Familie blockierte.

Plant man eine außerhäusliche Aktivität mit Kindern, muss man schon für die Vorbereitung, auch wenn man nur in den Park geht, Zeit einkalkulieren: Einpacken von Reservekleidung, Trinkflaschen, Essen, Knabbereien, Malbüchern, dann Autoeinladen, Kinderanziehen, noch einmal Aufräumen der Wohnung. Das sind alles Dinge, die man, und vor allem mein Mann, oftmals vergisst, wenn er sonntags meint: „Lass uns doch schnell nach A fahren und dann noch B besuchen. Können wir in fünfzehn Minuten los?"

Ein Christkindlmarktbesuch ist besonders per öffentlichen Verkehrsmitteln mit drei Kindern eine Herausforderung. Eigentlich schon allein das Einsteigen und Platzsuchen in Bus oder Straßenbahn. Dann das Aussteigen, mit dem ich am besten drei Stationen vor dem Ziel beginne, damit ich kein Kind vergesse. Auf dem Markt selber werden Maroni gekauft, Karussell gefahren, vielleicht ein, zwei Mal durchgeschlendert und dann geht's sowieso wieder heim. Denn ich muss dank riesigem, sperrigem Kinderwagen ja auf eine Nieder-flurstraßenbahn warten, die dann, eh klar, bummvoll ist, weshalb sich die Wartezeit wieder verlängert. In der Zwischenzeit weint das Jüngste, das dank allzu langer Busenverweigerung meinerseits nun auf sein Recht auf Nahrung pocht. Dass das aber in der Öffentlichkeit, bei minus fünf Grad, nicht gerade lustig ist, erklärt sich von selbst. Die Mittlere haut sich an einem Verkehrsschild den Kopf an und dann weinen alle zusammen eine Runde, die Große und ich aus Solidaritätsgründen gleich mit. Bis wir zu Hause sind, sind wir alle fix und fertig und auch hier habe ich am Ende des Tages das Gefühl, ich war eine Woche auf dem Weihnachtsmarkt. Meine Kinder hingegen jammern, dass wir viel zu kurz geblieben sind und daher bald wieder hingehen müssen.

Nur wenn ich alleine bin und die Jüngste schläft, dann vergeht die Zeit so schnell, dass es schon an der Tür klingelt und meine Kinder zurück sind, noch ehe ich die Liste der To-dos, die ich abarbeiten wollte, überhaupt gefunden habe.

KOMPLIMENTE

Mit Komplimenten hat er es nicht so, mein Ehemann.
Obwohl: Früher, in den wenigen Monaten, die wir uns
kannten, bevor Zwetschke geboren wurde, war er durchaus
charmant. Nun siegt schon seit Jahren die kompromisslose
Ehrlichkeit. Als ich ihn kürzlich fragte, ob meine Brüste
durch die Schwangerschaften an Form verloren hätten,
meinte er: „Na ja, der Busen ist nicht so das Problem. Aber
diese Moppelchenfigur wirst ja wieder los, hoffe ich."
Moppelchenfigur??? Ich strafte ihn mit Keifen und anschlie-
ßendem Schweigen. Klar hatte er recht. Zehn Kilo mehr als
vor dem ersten Kind sieht man. Und meine Knochen sind
es definitiv nicht, die schwerer geworden sind. Aber das
feststellen darf einzig und alleine ich! Ich sagte ihm, dass er,
wenn er nichts Nettes über mich zu sagen habe, gar nichts
sagen solle. Seitdem schweigt er. Wenn ich ihn etwas zu
meinem Äußeren frage, zuckt er nur mit den Schultern.
Andere Frauen hätten ihn an meiner Stelle schon einen Kopf
kürzer gemacht, als er mir in der Schwangerschaft über sich
selbst staunend mitteilte: „Weißt du, früher war mir das so
wahnsinnig wichtig, dass meine Partnerin eine gute Figur
hat. Doch nun ist mir das so was von egal." Aber wehe, ich
bestätige sein ständiges Jammern über den schon längst
deutlich erkennbaren Rückgang seines Haupthaars. Dann
steht er so lange vor dem Spiegel und fragt mich so oft, bis

ich endlich den erlösenden Satz sage: „Na, so schlimm ist es nicht. Ich finde, du siehst immer noch sehr gut aus." Daraufhin ernte ich einen fragenden, wenngleich flehenden Blick: „Findest du?" „Ja", erwidere ich noch ein wenig inbrünstiger. Und gut ist es. Mann, so leicht wäre ich nie zu täuschen oder gar zufriedenzustellen. Vielleicht liegt aber genau hier das Problem.

Früher ärgerte ich mich über die Kategorisierung meines Mannes: „Dafür, dass du schon ein/zwei Kinder..." Aber er hat ein wenig recht. Ich glaube, es ist eine Tatsache, dass man nach jeder Geburt etwas mühseliger abnimmt. Manchen fällt es schon nach dem ersten Kind schwer, das Gewicht von davor wiederzuerlangen, und manche halten sich tapfer bis zum dritten. Die, die drei Kinder um sich herumtanzen haben und immer noch knackig in Größe 34 passen, sind eine absolute Rarität. Dazu gehört meine Freundin N. Neben ihr ist „Moppelchen" als Bezeichnung für mich nur ein Hilfsausdruck. Wenn ich sie nicht so gern hätte, hätte ich ihr schon längst die Freundschaft gekündigt. Na, vielleicht verliert sie ja beim nächsten Kind die Form oder ich werde wieder schlanker. Oder ich treffe mich mit ihr nur noch nachts und in abgelegenen Lokalen, wo mich mit Sicherheit niemand kennt.

TECHNISCHE GERÄTE

Ich hasse sie. Abgrundtief und habe sie sicher schon
Tausende Male in Gedanken verbrannt, ertränkt,
erdolcht und erwürgt. Die technischen Geräte meines
Mannes. Die iPhones, iPads und alle anderen Eier, die
sich in unserer Wohnung breitgemacht haben. Denn
ihr Dasein sorgt nicht nur für einen geistig komplett
abwesenden Mann, sondern schlägt sich auch massiv auf
die negative Vorbildwirkung nieder. Mein Göttergatte
glotzt ununterbrochen auf eines dieser Dinger, und
wenngleich ich weiß, dass dies zu neunzig Prozent die
Arbeit betrifft (obwohl, er ist nicht der Bundespräsident),
so seh' ich doch auch, dass er zwischendurch irgendwelche sinnlosen Spiele spielt. Klar: für mich sinnlos. Er
empfindet es anders. Aber dass er morgens um sechs
beim Gang zur Toilette das erste Mal checkt, ob wichtige
Mails eingetroffen sind, und beim Gang zurück ins
Bett das zweite Mal, finde ich doch etwas übertrieben.
Unsere Kinder kommunizieren mit ihm nur noch wenig
und kommen mit allen Anliegen zuerst zu mir, denn der
Papa „schaut Handy". Auch wenn Besuch da ist, wird
sicher dreißig Mal die Stunde aufs Handy gestarrt und
werden auf Facebook irgendwelche wichtigen Dinge
gelesen. Sei's drum, aber dass meine Kinder neuerdings
nicht mehr fragen, ob ich mit ihnen Mensch ärgere Dich

nicht oder Barbie spiele, sondern nur noch: „Dürfen
wir iPad spielen?“, find' ich erschreckend. Ich bin ganz
sicher nicht altmodisch und erlaube es ihnen auch ab
und an, aber das ist mir wirklich zu viel. Ich habe schon
angedroht, einen Safe anzuschaffen, in dem das Handy
bei der Ankunft zu Hause abgelegt werden muss, damit
wieder ein familiäres Gespräch stattfinden kann. Was
früher der Fernseher war, nämlich der Tod der Tisch-
gespräche, ist heute das Handy. Mein Mann kennt die
Problematik, ist mit mir absolut d'accord, weiß um seine
Vorbildfunktion und will mich in Zukunft unterstützen,
wo er kann. Doch ist diese Zukunft bis auf Weiteres in
die Ferne gerückt, denn er muss ab nun leider, leider
immer noch ein wenig länger im Büro sein. Und nein,
das steht *natürlich* in keinerlei Zusammenhang mit der
Tatsache, dass er dort in Ruhe facebooken oder Handy-
schauen kann, ohne von Kindern, die mitspielen wollen,
oder einer Ehefrau, die dem ein Ende setzen möchte,
genervt zu werden.

GUTER GESCHMACK

Mein Mann und ich teilen vieles. Der Geschmack ist aber
mit Sicherheit nicht dabei. Die Dinge, die ich passend für
ihn finde, kommentiert er oft nicht einmal. Die Sachen,
die er für mich aussuchen würde, bringen mich zum
Lachen oder auch zum Verzweifeln. Darum fühlte ich
kürzlich bei meiner großen Tochter vor, was sich der
Papa denn dieses Jahr als Geburtstagsgeschenk für mich
ausgedacht habe. Zwetschke meinte: „Ich wollte dem
Papa ja gute Tipps geben und hab' gemeint, ein Armband
aus der Stadt, bei dem kleinen Juwelier, wäre eine
gute Idee." Ich nickte, denn ich wusste genau, welches
Geschäft sie meinte, und da konnte man wahrlich nichts
falsch machen. „Oder", fuhr sie fort", einen Anhänger
mit den Namen von uns Kindern hab' ich ihm auch
vorgeschlagen, weil ich weiß, dass du so etwas gerne
möchtest." Ich umarmte sie, weil ich mich so freute,
wie gut sie mich kannte. „Und", merkte sie noch an,
„als allerletzten Vorschlag hab' ich gesagt, über einen
schönen Bilderrahmen mit einem Foto von uns dreien
würdest du dich auch riesig freuen." Ich strahlte. Sie
hatte vollkommen recht: Seit das dritte Mädchen auf der
Welt war, wünschte ich mir ein Foto von allen dreien.
Ich wollte ihr gerade danken, dass sie den Papa auf so
tolle Ideen gebracht hatte, da schüttelte sie den Kopf

und zog die Stirn in Falten: „Aber der Papa meinte bei
dem Armband, dass du so was schon zuhauf hast. Bei
dem Anhänger, dass der wohl viel zu teuer ist und sich
auch zeitlich nicht mehr organisieren lässt, und die Idee
mit dem Foto hat er gar nicht kommentiert." Ich schaute
entsetzt. Das hieß, der Mann war sich selbst überlassen
und würde mir wieder ein Geschenk machen, bei dem
ich es nicht einmal zusammenbrachte, zwei Minuten so
zu tun, als ob es mir gefiele. Vermutlich gewöhnte ich
ihm so das Schenken ab, wobei ich nicht wusste, ob das
nicht eigentlich ganz gut wäre.

Puhh. Mein Geburtstag näherte sich rasant und war
plötzlich da. In der Früh registrierte ich nicht nur den
liebevoll gedeckten Tisch (jeder hatte ein Häferl und
einen Teller vor sich), sondern auch ein kleines Päckchen.
Lieber Gott, lass es wenigstens nicht teuer gewesen sein,
betete ich im Stillen. Ich packte das Geschenk aus und es
kam eine Schachtel eines Juweliers zum Vorschein, von
dem ich schon gehört hatte. Ich öffnete sie und fand ein
schönes Armband mit drei Anhängern. Das Armband
gefiel mir auf Anhieb, die drei Anhänger waren schrecklich. Sein Gedanke, dass für jedes Kind ein Anhänger
stand, war toll und lieb. Nur mussten es unbedingt ein
Clown, ein Horn und ein kleiner Fernseher sein?

Guter Geschmack

Vermutlich hatte bei der Auswahl auch der Preis eine Rolle gespielt. Ich versuchte ein Lächeln und konzentrierte mich auf das Armband, als mein Mann mir zuraunte: „Keine Sorge, ich weiß schon, dass dir die Anhänger nicht so zusagen. Es war nur eine Geste. Ich hab' die Rechnung und morgen fahren wir hin und du suchst dir drei Anhänger aus." Oh, wie ich mich freute. Ich strahlte ihn an. Wer braucht schon denselben Geschmack?

ICH BIN DIE

Wenn man noch keine Kinder hat, schenkt man den Erzählungen anderer nur bedingt Glauben und hat seine eigene feste Vorstellung, wie es mit Kindern einmal sein wird. Das war auch bei mir so. Ich dachte, ich würde die Welt neu erfinden und alle reden Blödsinn. Und ich wusste ja nicht, was für ein unsagbar großartiges Gefühl es ist, ein Kind im Arm zu halten, zu wiegen, schlafen zu bringen, lachen zu sehen, reden zu hören. Diese Reihe ließe sich beliebig lang fortsetzen und nie würden die Beispiele ausgehen. Ich liebe diese kleinen und großen Racker so, dass alles andere keine Rolle mehr spielt. Nur manchmal, da fühle ich mich doch etwas gefangen. Ich bin immer die Vernünftige, die die großartigen Ideen vom Papa zunichte macht, weil sie mit Realismus kommt. Ich bin die, die ein Auto nach dem Komfort für die Familie aussucht und nicht nach der Farbe (meine Kinder) oder der PS-Anzahl (na, wer wohl!). Ich bin die, die ihre Bedürfnisse entweder zu wenig artikuliert, oder sie werden ignoriert. Ich bin die, die, wenn sie einmal unter der Dusche steht, maximal dazukommt, ein Bein zu rasieren, weil sich eines der Kinder in den paar Minuten, die ich brauchen würde, um mich auch dem anderen zu widmen, wehtut oder zwei Kinder streiten oder, oder. Nach spätestens zwei Minuten im entspannenden Nass kommt irgendjemand hereingestürmt. Braucht etwas, sucht etwas, will etwas. Neulich stürzte, gerade als es mir beinahe gelungen wäre, in einen Entspannungsmodus zu kommen, mein Mann ins Bad, auf dem Arm einen brüllenden Säugling, dicht gefolgt von zwei schreienden Kindern, riss den Duschvorhang weg, um mich mit eiskalter Luft zu beglücken und mich entsetzt anzupöbeln: „Sag einmal, willst du EEEWIIG duschen?" Nein, unter diesen gemütlichen Voraussetzungen vermutlich nicht.

Aber ich darf nicht vergessen, ich bin auch die, die in der Früh am längsten gekuschelt wird, die am meisten geküsst wird, die die schönsten Bilder und die liebsten Komplimente bekommt. Das nennt man ausgleichende Gerechtigkeit.

Dank

Die Geschichten in diesem Buch sind natürlich zu 100 %
nicht frei erfunden. Darum danke ich zuallererst den Pro-
tagonistinnen, den liebsten und wunderbarsten Mädchen
überhaupt. Zwetschke, Rübe und Erdbeere. Sie mögen mir
verzeihen, dass ich die Zeit statt in „Schöne-Fotoalben-
Kleben" und „Babytagebücherschreiben" in diese Geschichten investiert habe. So hab' ich sie nicht nur in meinem
Herzen, sondern auch in meinen Büchern.

Ich danke meinem Mann, der bei einigen Geschichten
die Hauptrolle übernimmt. Auf die Frage, ob es für ihn
in Ordnung geht, dass er in manchen Texten nicht ganz
familienengagiert und charmant rüberkommt, kam eine
eindeutige Antwort: „Also ob du die Geschichten nun deinen
Freundinnen erzählst oder sie sie lesen, ist mir egal und die
anderen kennen mich ja sowieso nicht." Na bitte.

Nathi wird sich und ihre lieben Kinder in vielen
Geschichten wiederfinden. Danke für die liebevollen
Inspirationen. Ruhm und Reichtum haben sich bis jetzt
nicht eingestellt, es bleibt aber noch Hoffnung.

Cornelia, vielen Dank für deine emotionale Unterstüt-
zung, für die Anregungen und die so oft dargereichte und
gerne angenommene Hilfe. Ohne dich hätte ich es so, so, so
viel schwerer! Und meine Kinder auch.

Auch Nadja sei gedankt, dass sie mir die Kinder ab und
zu übernimmt, denn sonst hätte ich kaum Zeit zu schreiben.

Ich bedanke mich bei meiner Schwiegermutter und meinen Eltern, dass sie mir hin und wieder die Großen bei Laune halten, ein weiterer Zeitgewinn.

Stefanie, danke für deinen großartigen Einsatz. Im nächsten Leben wirst du meine Managerin. Als was auch immer wir dann wiedergeboren sein werden.

Mein besonderer Dank geht an Susi, die mich mit Rat und Tat und vielen Brainstormingstunden unterstützt *und* diese Geschichten mit den wunderbaren Zeichnungen bereichert hat. Ich liebte die Bilder von Anfang an und niemand könnte besser bildnerisch ausdrücken, was ich im Text gemeint habe.

Hier möchte ich auch Markus meinen Dank ausdruck aussprechen. Für seine guten Vorschläge, sein Engagement und seinen Glauben an mich und meine Ideen.

Und zu guter Letzt möchte ich der Person danken, die mir geholfen hat, meine Geschichten in Form zu bringen, und sie somit gut lesbar und verständlich gemacht hat. Liebe Eva, du beste Lektorin und liebe Freundin, danke für deine Geduld und dass du so manche Schlamperei mit einem Augenzwinkern genommen und einfach geändert hast. Ich habe erneut viel dazugelernt und bekomme durch dich immer eine ganz andere Sicht auf die Dinge.

Alva, 2. Mai 2015

Alva Sokopp, geboren 1977 in Oberösterreich, studierte Pädagogik und Sonder- und Heilpädagogik an der Universität Wien. Sie arbeitete in verschiedenen Sozialeinrichtungen, bevor sie sich 2008 selbstständig machte.

Nach dem Roman *Ein Leben in 23 Tagen* ist *klein-groß-mittel* ihr zweites Buch. Es entstand während der dritten Schwangerschaft und der Zeit kurz danach. Die Autorin lebt mit ihrem Mann und ihren drei Töchtern in Wien.

Susanne Binder, geboren 1982 in Oberösterreich, studierte Kunstpädagogik an der Akademie der bildenden Künste Wien und absolvierte die Ausbildung zur Kunsttherapeutin an der Wiener Schule für Kunsttherapie. Die Illustratorin lebt mit ihrem Mann und ihrem Sohn in Oberösterreich.